Massimo Listri

HÄUSER IN ASIEN ZUM VERLIEBEN

Christian Brandstätter Verlag

Architektur: Kengo Kuma

KENGO KUMA

Der berühmte japanische Architekt Kengo Kuma renovierte ein traditionelles japanisches Haus und erweiterte es mit einem modernen Pavillon. Das Verhältnis zwischen Architektur und umgebender Landschaft hat Kuma betont, indem er die Villa harmonisch in einen alten Garten voller symbolischer Bezüge fügte. Im Inneren sind die Räume dank variabler Wände nicht voneinander abgetrennt, wodurch eine fließende Abfolge ineinander übergehender Bereiche entsteht. Der Garten schließlich wurde als eine Erweiterung der Wohnbereiche interpretiert, Natur und Kultur sind miteinander verflochten.

Oben: Über diese versetzt verlegten Trittsteine gelangt man sowohl in das Teehaus als auch in den angebauten Pavillon.

Rechts: Der Steinboden und die Glaswände des neuen Pavillons schaffen einen fließenden Übergang zwischen drinnen und draußen.

Oben: Der Teich trennt das Teehaus und den neuen Pavillon, im Hintergrund ist der Garten zu sehen.

Gegenüber oben: Ein Blick aus dem alten Teehaus auf den neuen Pavillon.

Gegenüber unten: Im Korridor des neuen Pavillons wurden Holz, Stein und Glas zwar nach einer zeitgenössischen Gestaltungschiffre eingesetzt, verweisen durch die Verwendung dieser Materialien aber dennoch auf die japanische Bautradition.

Folgende Doppelseite: Die Räume des renovierten alten Teehauses wurden genau nach dem Kanon der Tatami-Maße angelegt.

Links: Entlang dem Pavillon verläuft, unterbrochen von einem Teich, ein gerader Pfad.

Unten: Eine steinerne Laterne vor dem stillen Teich verleiht dem Garten sein besonderes Flair.

Gegenüber: Das Badezimmer im neuen Pavillon wurde in Blickrichtung Garten angelegt.

Massimo Listri

HÄUSER IN ASIEN ZUM VERLIEBEN

Faszinierende Wohnideen aus Südostasien

Texte von Nicoletta del Buono

Aus dem Italienischen
übertragen von Barbara Sternthal

Christian Brandstätter Verlag · Wien

DIE INTERIEURS DES ORIENTS

Die Kultur des Abendlandes schätzt keine Analysen, hält sich kaum mit klärenden Details auf, nimmt Unterschiede, Zwischentöne, Nuancen nicht wahr. Man zieht die großen Synthesen vor, tendiert zu oft zur Kategorisierung, neigt zur Vereinfachung, versieht die Dinge ohne weitere Begründung mit nichtssagenden Etiketten. Es sind bloße Derivate, über die man spricht, wenn es um Häuser, Interieurs, den asiatischen »Wohnstil« geht. Da wird Minimalismus grundsätzlich zu Zen, die Atmosphäre ist immer orientalisch, Räume haben die Ästhetik eines *haiku*. Die Dekoration hat etwas »Mandarineskes« und die Möbel sind aus derselben Dynastie – als hätten die Dynastien nicht Jahrhunderte bestanden, hätten sich entwickelt und wären wieder von der Bühne der Geschichte verschwunden. Die Adjektive chinesisch, japanisch, indisch werden angewandt, als handelte es sich um eine idealtypische Wohnform – wie die kleinen mittelalterlichen Dörfer in der Toskana, die einander ähneln, auch wenn es gewisse Unterschiede gibt (beispielsweise zwischen einem sienesischen und einem florentinischen *borgo*). Doch hinter diesen Adjektiven verbirgt sich große Komplexität: Die imposanten, jahrtausendealten, facettenreichen Kulturen sind nicht bloß an den Fluss der Zeit gebunden, sondern zusätzlich und vor allem an die unendlich vielen kleinen Regionen, in denen sie gedeihen.

Zum Glück räumt dieses Buch mit den abgenutzten Gemeinplätzen auf und stellt die ausdrucksstarke Kraft und die Vielfalt wieder her, die es zwischen all dem Chinesischen, Indischen und Japanischen gibt. Massimo Listri besuchte Häuser und Wohnungen, dokumentiert sie mit seinem Objektiv – neugierig, emotional, niemals mit nur kühlem Blick – und zeigt, dass man beispielsweise in Tokio ganz anders lebt als in Kyoto, dass es innerhalb Pekings viele Möglichkeiten gibt, Wohnraum zu interpretieren, dass die Unterschiede zwischen Jakarta und Bali riesig sind, wie vielfältig der *Way of Living* in Thailand sein kann, dass traditionelle Wohnmodelle über starke Wurzeln verfügen, aber auch, dass die Moderne große Anziehungskraft hat, sogar – wenn auch adaptiert – jene des Abendlandes. Wie es sich für einen Künstler – und in diesem Fall auch Kenner der Traditionen – gehört, setzt Listri nicht einfach viele Bilder nebeneinander. Stattdessen konstruiert er Detail für Detail, Haus für Haus, Interieur für Interieur einen anthropologischen Atlas, in dem er die Besonderheit jedes einzelnen Artefakts und seines Kontexts und damit seine jeweilige ästhetische, kulturelle, historische Eigenheit berücksichtigt. Der Zauber des Exotischen schwingt auf jeder Seite mit, aber auch eine Art wissenschaftliche Präzision, die registriert, beschreibt, ordnet. Sie stellt uns weniger die Aufgabe als sie uns vielmehr die Freude überlässt, Ideen und Möglichkeiten in dieser Vielfalt zu erkennen – der Vielfalt des Orients und des fernöstlichen Wohnens, das immer noch so viel Unbekanntes birgt.

Interieur: Marianna Gagliardi

MASSIMO LISTRI

Von der Wohnung Massimo Listris, Fotograf der Bilder dieses Buches, hat man einen herrlichen Blick auf den majestätischen Fluss Chao Phraya. Es ist eines der wenigen Gebäude in diesem Teil Bangkoks, das nicht als Hotel genutzt wird. Das hundert Quadratmeter große und dank seiner sieben Meter hohen Fensterwand sehr helle Appartement wurde von Marianna Gagliardi neu gestaltet. Sie entfernte den alten Bodenbelag und ersetzte ihn durch einen dunklen Teakholzboden. Den Wohnbereich reduzierte Gagliardi auf eine Farbpalette aus Grün, Weiß und Schwarz, um die Kunstsammlung des Besitzers – Khmer-Skulpturen, Kunst- und Kunsthandwerkobjekte – richtig in Szene zu setzen.

Oben: Auf dem mit schwarzer und grüner Seide tapezierten Tagesbett liegen ein rotes Lacktablett aus Vietnam sowie ein violetter Papierfächer.

Rechts: Von der Terrasse mit dem Teakholzboden und den *Diamond Chairs* (Harry Bertoia für Knoll) blickt man auf den Fluss Chao Phraya.

RIVER VIEW GUEST HOUSE

Oben: Im China des neunzehnten Jahrhunderts wurde diese Holzskulptur einer Kriegsgottheit geschaffen.

Links: Ganz hinten im Wohnraum ist ein Khmer-Relief zu sehen, das ebenso wie die Skulptur rechts hinten auf dem Podest aus dem zwölften Jahrhundert stammt.

Vorhergehende Doppelseite: Das chinesische Tagesbett stammt aus dem neunzehnten Jahrhundert. Links davon steht ein aus Stein und Lack gefertigter birmanischer Buddhakopf aus dem achtzehnten Jahrhundert, rechts ein Gong aus Laos. Vor dem Tagesbett liegt ein anatolischer Teppich aus dem neunzehnten Jahrhundert.

In den Fächern dieser Regalwand im Wohnzimmer sind tibetanische Teekessel aus dem fünfzehnten Jahrhundert, vietnamesische Lackobjekte sowie kleine chinesische Terrakottafiguren aus der Ära der Tang-Dynastie aufgestellt.

Rechts: Das birmanische Buddhahaupt stammt aus dem achtzehnten Jahrhundert (oben), der Gong (unten) aus Laos.

Oben: Die grünen Seladonit-Waschbecken im Badezimmer sind in eine Teakbasis eingefügt. Die Wand wurde mit in kleine Segmente geschnittenem Lavagestein verkleidet.

Rechts: Im Schlafzimmer schmückt das Himmelbett ein usbekischer Überwurf. Die beiden Sessel im Hintergrund sind chinesische Arbeiten aus dem neunzehnten Jahrhundert.

DAS HAUS IN BUKIT

Auf der indonesischen Insel Sumatra hat der Mailänder Künstler und Designer Carlo Pessina ein in der traditionellen Bauweise der Minangkabau errichtetes Haus saniert. Das *rumah gadang*, wie diese Häuser genannt werden, erstrahlt nun wieder in seinem ganzen Glanz, nicht zuletzt aufgrund des authentischen Interieurs, das Pessina liebevoll in ganz Indonesien zusammengetragen hat. Diese indonesischen Häuser zeichnen sich durch eine Vielzahl ungewöhnlicher Details aus: steile Giebeldächer, die zuweilen die Form von Büffelhörnern haben und sich in zahlreiche Mansardenfenster strukturieren; mit Schnitzereien und bunten Malereien in Form von Blumen und anderen Pflanzen geschmückte Fassaden; eine Art Veranda unter dem Haus, wo man sich trifft und gemeinsam isst; und schließlich der Sockel der Häuser, der an Pfahlbauten erinnert.

Links: Die Vorderseite des *rumah gadang* ist mit floralen Schnitzereien geschmückt, die alle eine tiefere symbolische Bedeutung haben.

Gegenüber: Die zweite und oberste Etage des Hauses erinnert entfernt an einen Altan. Hier hat man aus dem Mansardenfenster einen weiten Blick auf den Indischen Ozean.

Oben: Ein Detail des wie auf Säulen ruhenden Sockels des Hauses. Sowohl der Farbenschmuck als auch die Schnitzereien sind original.

Links: Die Rückseite des Hauses. Die »Büffelhornform« des Dachs ist ein Vermächtnis der alten matriarchalen Kultur der Minangkabau, die neben animistischen und hinduistischen Elementen zum Teil auch unter dem Islam bestehen blieb. Im Garten gedeihen üppig und in leuchtenden Farben tropische Pflanzen.

Eine Seitenansicht des Hauses. Die in das erste Geschoss führende Teakholztreppe mit den geschnitzten Verzierungen entspricht der Bautradition Sumatras.

Die Basis des Hauses erinnert an einen offenen Laubengang oder eine Veranda. Hier wird heute gegessen oder einfach das Leben im Freien genossen.

Oben: Ein Detail der Eingangstür, durch die man auf den Palmengarten und all die anderen exotischen Pflanzen blickt.

Rechts: Das Schlafzimmer im ersten Geschoss. Das Innere des Hauses ist weitaus schlichter als seine äußere Gestaltung. Die aus Holzlatten bestehenden Wände sind weiß getüncht, auf dem Bett liegt ein *sumba* genannter traditioneller Überwurf.

Das große Schlafzimmer im zweiten Geschoss. Das Dach ist mit Alang-Alang-Stroh gedeckt. Stühle, Einrichtungsgegenstände und Objekte stammen aus ganz Indonesien und wurden ihrer Form und ihrer Gestaltung wegen ausgewählt, um sie schließlich nahtlos in den Stil dieses *rumah gadang* zu fügen.

PORNTHEP ATTAKANWONG

Interieur: Pornthep Attakanwong

Janya und Pornthep Attakanwongs Haus in Bangkok, dessen Interieur Pornthep entworfen hat, war von Beginn als Rahmen für die grandiose orientalische Skulpturensammlung der Besitzer gedacht. Es erscheint wie ein Museum in kleinem Rahmen, in dem spielerisch mit Kunst, mit der Gestaltung einer Ausstellung umgegangen wird. Teakholz und Mauerwerk werden von Nischen strukturiert, in denen sich viele Objekte der Sammlung befinden. Die aus unterschiedlichen Gegenden Südostasiens stammenden Kunstwerke gleichen einer virtuellen Reise vom Mekong bis in die alte Königsstadt Bagan und lassen die Wohnräume im Glanz vergangener Größe erstrahlen.

Oben: Diese Holzskulptur eines Bodhisattva Guanyin stammt aus dem sechzehnten Jahrhundert (Ming-Dynastie), der Wandteppich dahinter aus dem neunzehnten Jahrhundert.

Gegenüber: Ein Blick in den Wohnraum.

Folgende Doppelseite: Im großen Wohnraum befindet sich im Vordergrund rechts diese thailändische Buddha-Figur im Dvaravati-Stil aus dem sechsten Jahrhundert.

Oben: In einer Nische des Korridors wendet diese vergoldete chinesische Buddha-Statue (ganz rechts) dem Betrachter den Rücken zu.

Gegenüber: Ganz links im Vordergrund steht ein kambodschanischer Steintorso aus dem elften Jahrhundert. Die tibetanischen Seidenteppiche wurden im neunzehnten Jahrhundert angefertigt.

Gegenüber: Der Boden des Schlafzimmers ist aus tropischen Hölzern, die Wand hinter dem Bett mit einem vietnamesischen Bild geschmückt. Die tibetanischen Teppiche stammen aus dem neunzehnten Jahrhundert.

Rechts: Die beiden Gottheiten im Wohnraum sind chinesischer Provenienz und wurden im neunzehnten Jahrhundert geschaffen (Qing-Dynastie); aus derselben Zeit stammt der aus Holz und Alabaster angefertigte Sessel rechts daneben.

GERALD PIERCE

Gerald Pierce, Art Director des gefeierten thailändischen Unternehmens für Stoffdesign und Innenausstatters Jim Thompson, kam nach Bangkok, um hier zu arbeiten. Doch Pierce verliebte sich in die Stadt, und was als Zwischenstation gedacht war, wurde zum Lebensmittelpunkt. Sein Haus ist gewissermaßen ein Abbild Thailands – es lebt zwischen Hightech und Tradition, westlichem Design und ostasiatischer Kunst, europäischen Antiquitäten sowie chinesischen und birmanischen Antiken.

Rechts: Auf einer indigoblauen Konsole steht diese kleine Ansammlung thailändischer Buddhastatuetten aus Bronze. Sie stammen aus der Ayutthaya-Epoche (14.–18. Jahrhundert).

Gegenüber: Zwei hölzerne Wächterstatuen des Volks der Akha aus Louang Namtha in Laos existieren friedlich neben einer gustavianischen Récamière und zwei antiken französischen Stühlen.

Links: Zwei weitere aus Holz geschnitzte Wächterfiguren, diesmal aus dem Norden Thailands, »bewohnen« die Küche. Ein Gong aus Bronze (links oben; beim Dunstabzug), er stammt aus Attapu in Laos, wo er im neunzehnten Jahrhundert hergestellt wurde, kontrastiert die hypermoderne Küchenausstattung.

Die Wände und die Zwischendecke sind mit Holz verkleidet. Sie bilden eine Art »Sandwich«, in dessen Mitte sich die technischen Einbauten befinden.

Oben: Schlichte schwedische Regale aus unbehandeltem Holz schaffen im Schlafzimmer einen Raum im Raum.

Rechts: Das Badezimmer des Hausherrn teilen sich ein vergoldeter Bronzebuddha aus dem birmanischen Mandalay des achtzehnten Jahrhunderts und eine Hydromassage-Badewanne.

Links: Die Boiserie und die gustavianische Kommode aus unbehandeltem Holz stehen in reizvollem Kontrast zu den dunklen Farben und geometrischen Motiven des Wandbehangs aus einem Naga-Stoff an der hinteren Wand.

Gegenüber: Kunstwerke bereichern selbst die kleinen Ecken im Flur: Diese hölzerne Wächterstatue des Akha-Volks stammt aus Chiang Rai im Norden Thailands.

Folgende Doppelseite: Auf diesem Tisch – schwarz lackiert und von bestechender Geometrie – hat ein wertvoller Buddhatorso seinen Platz. Er stammt aus der thailändischen Stadt Ayutthaya und wurde im fünfzehnten Jahrhundert geschaffen. Im Schiebetürschrank dahinter sind zahlreiche Antiken aus Terrakotta, Keramik und Bronze untergebracht. Sie kommen aus unterschiedlichen Gegenden Chinas und Südostasiens.

FAIRFIELD PORTER
Art Deco Graphics
AFRICAN CEREMONIES

MAISON BERABAN

Architektur und Interieur: Renato Guillermo De Pola

Die im balinesischen Seminyak gelegene Villa erstreckt sich über zwei Etagen und wird von einer Glaspyramide bekrönt. Sie ist in ihrem gesamten Erscheinungsbild ein Werk Renato Guillermo De Polas, der sowohl das Haus als auch dessen Interieur mit der ausgeklügelten Beleuchtung und den zahlreichen »Spezialeffekten« sowie den Wintergarten mit den tropischen Pflanzen entworfen hat. Der Bau mit all seinen Details wurde aus lokalen Materialien von javanischen und balinesischen Handwerkern angefertigt.

Oben: Die für Bali ungewöhnliche Glastreppe führt vom Wintergarten in das Obergeschoss unter der Glaspyramide.

Gegenüber: Von der Spitze der Glaspyramide hängt ein riesiger Lüster. Insgesamt erstreckt sich die zweigeschossige Villa über eine Wohnfläche von zweihundertfünfzig Quadratmetern.

Rechts: Im großen Wohnraum, der im oberen Geschoss liegt, werden die Teakholzplanken des Bodens von beleuchteten Vertiefungen unterbrochen, die mit Kieseln gefüllt und mit Glasplatten abgedeckt sind. Die Sofas wie auch alle anderen Einrichtungsgegenstände wurden nach Entwürfen De Polas angefertigt.

Unten: Ein Detail des Wohnraums.

Oben: Ein weiterer Bereich im Wohnraum. Über dem Sofa ein Werk Da Polas, das er aus einer recycelten Vespa-Karosserie kreiert hat. Links sind der Fuß der Glastreppe und der Eingang in den Wintergarten zu sehen.

Gegenüber: Dicht und üppig gedeihen im Wintergarten tropische Pflanzen.

Folgende Doppelseite: Sämtliche Details dieses Hauses wurden nach Entwürfen De Polas von Handwerkern aus der Region angefertigt.

BITTER
SECRESTAT
LE PLUS ANCIEN DES APÉRITIFS A LA

Das Speisezimmer und, ganz hinten, die Küche aus Edelstahl. Ganz links ist ein weiteres Werk De Polas zu sehen: Die in eine große beleuchtete Glasbox gefassten bemalten Bambusrohre. Tisch und Sessel im Speisezimmer wurden ebenfalls von De Pola entworfen und aus Teakholz angefertigt.

Auch die feinen Stoffe für das Himmelbett im großen Schlafzimmer stammen aus lokaler Produktion. Im Hintergrund ist das Badezimmer eher zu ahnen als zu sehen.

HELEN VON BÜREN

Gartenarchitektur: Michael White

Inmitten der üppigen Vegetation Balis mit Blick auf den Ozean liegt die Ferienresidenz Rolf und Helen von Bürens. Die Gestaltungselemente der Residenz folgen dem genius loci: große Pavillons mit Veranden und bekrönt von ausladenden Dächern sowie Innenhöfe mit fein dekorierten Türen.

Rechts und gegenüber: Der zum Meer hin gelegene Garten wurde von dem Landschaftsarchitekten Michael White gestaltet. Überall sind Laternen und Holzskulpturen zu finden, die von balinesischen Handwerkern angefertigt wurden und örtliche Gottheiten darstellen.

Oben und gegenüber: Die Terrassen – zum Teil überdacht, zum Teil unter freiem Himmel – liegen dem Meer und dem Garten zugewandt. Die Ausstattung der Terrassen ist eine Kombination aus balinesischen, angefertigt von lokalen Handwerkern, und kolonialen Möbeln.

Gegenüber: Das Schlafzimmer wird von einem fantastischen balinesischen Bett – es ist antik – dominiert. Der Betthimmel und die Säulen des prächtigen Baldachins sind aus Holz geschnitzt und bunt bemalt.

Rechts: Die Veranda des für Gäste reservierten Bungalows, wo das Frühstück serviert wird.

Unten: Eine mit Pflanzen geschmückte Tür unterstreicht die Verbindung zwischen Natur und Architektur – sie prägt die Bautradition der gesamten Insel.

Interieur: Jaya Ibrahim

RALF OHLETZ

In mancherlei Hinsicht gilt Singapur als westlicher Vorposten in Südostasien, aber auch als ein Reservoir des künstlerischen und kulturellen Erbes Asiens. Die nahe des War Memorial Parks und der Saint Andrew's Cathedral im Geschäftsviertel liegende Wohnung von Ralf Ohletz trägt dazu bei, dieses Gut zu erhalten. Es ist das Ambiente eines Sammlers: Die modernen und ruhigen, in stringenter Symmetrie eingerichteten Räume werden von antiken Möbeln und seltenen Designstücken belebt. All dies bildet die ideale Kulisse für die zahlreichen Kunstwerke und die Objekte hoher Handwerkskunst, die der Besitzer im Laufe der Zeit zusammengetragen hat.

Rechts: Vom Salon aus blickt man auf das legendäre Raffles Hotel. Im Zentrum der perfekten Symmetrie dieses Raums ruht eine javanische Buddhaskulptur aus dem elften Jahrhundert. Die Stehlampen und die Kerzenleuchter wurden nach Entwürfen Jaya Ibrahims angefertigt. Der Innenarchitekt hat sich sowohl mit der Gestaltung von Privathäusern als auch mit der Ausstattung der GHM Hotelgruppe und den Aman Resorts einen Namen gemacht.

Oben: An einer Wand des Wohnraums hängt eine in Tinte ausgeführte Arbeit eines koreanischen Künstlers. Der chinesische Tisch – ein umfunktionierter Altar – stammt ebenso aus der Ming-Epoche wie die beiden Steinelemente links und rechts der Pferdeskulptur aus der Zeit der Han-Dynastie.

Gegenüber: Einen anderen Bereich des Wohnraums dominiert dieser an der Wand befestigte japanische Paravent aus dem siebzehnten Jahrhundert, auf dem Drachen dargestellt sind. Den Tisch darunter schmückt ein chinesischer Federhalter sowie aus Huang-Huali-Holz geschnitzte Federköcher. Der Sessel aus Weidengeflecht entstand nach einem Entwurf Jaya Ibrahims, der Tisch ganz im Vordergrund ist ein antikes Stück aus der Qing-Epoche.

Links: Im Schlafzimmer befinden sich – über einem Tagesbett aus der Qing-Epoche – weitere Teile jenes japanischen Paravents, der auch eine Wand im Wohnraum schmückt. Links und rechts des Triptychons hängen – auf chinesischer Seide fixiert und gerahmt – Fächer aus Adlerfedern mit Elfenbeingriffen. Nach Entwürfen Jaya Ibrahims entstanden wiederum die Stehleuchten.

Unten: Ein kleinteiliges Mosaik bedeckt die Oberflächen im Badezimmer.

Folgende Doppelseite: Im Arbeitszimmer, hier vom Wohnzimmer aus gesehen, steht links ein viertüriger Schrank aus der Qing-Dynastie und den langen Tisch schmücken zahlreiche Kunstgegenstände aus China. Aus dem neunzehnten Jahrhundert stammt der chinesische Teppich.

MIN MIN AUNG

In Nyaung-U, einer kleinen Stadt rund fünf Kilometer von der heiligen Stadt Bagan entfernt, steht das aus dem neunzehnten Jahrhundert stammende Haus von Min Min Aung, dem Eigentümer einer Fabrik, in der traditionelle Lacke hergestellt werden. Das Haus ist ganz aus Holz errichtet, vorwiegend Teak, und vielfach mit zauberhaften Schnitzereien geschmückt. Holz hat als Baustoff lange Tradition, denn aus Stein wurden ausschließlich die Tempel errichtet.

Oben: Die Teakholzhand dient als Türschnalle.

Rechts: Vor allem aus Teakholz wurde das Haus im achtzehnten Jahrhundert errichtet. Seine Architektur entspricht der lokalen Tradition.

Oben links: Selbst die Suppenschalen und auch andere Haushaltsgeräte sind aus Holz.

Oben rechts: Auf dem geschnitzten Küchenbord stehen Gefäße, wie sie jeden Tag benutzt werden, aber auch zwei kunstvoll geschnitzte Holzrosetten.

Gegenüber: Sowohl die Boiserie als auch die Möbel sind aus zum Teil kunstvoll geschnitztem Teakholz angefertigt.

Links: Neben solchen geschnitzten Holzreliefs finden sich überall im Haus birmanische Lackobjekte – Zeugen des Berufs des Hausherrn.

Gegenüber: Überaus kostbar ist diese Balustrade aus geschnitztem Teakholz, aber auch die Skulpturen sind etwas Besonderes: Einst wurden sie ausschließlich für den Adel oder aus religiösen Gründen geschaffen.

TUGU MALANG

Interieur: Anhar Setjadibrata

Ein märchenhafter Palast auf Java, mit Logen, Terrassen und Pagodendächern, verborgen in einem zauberhaften Garten in der Nähe Malangs: Anhar Setjadibrata, leidenschaftlicher Liebhaber der orientalischen Traditionen, hat dieses Anwesen revitalisiert, um Raum für Raum mit wertvollen Kunstwerken die Geschichte der indonesischen Mythologie zu erzählen. Setjadibratas Meisterwerk ist die Suite *Apsara Residence*, die zwei Königen gewidmet ist: König Jayavarman II., der Ende des achten Jahrhunderts lebte, und König Suryavarman II., unter dessen Herrschaft Anfang des zwölften Jahrhunderts der Tempel in Angkor Wat errichtet wurde. Etwa zweitausend Apsaras, tanzende Nymphen der hinduistischen und buddhistischen Tradition, wurden in die Wände des Tempels gemeißelt, um Götter, Könige und Helden zu ehren.

Oben: Vor einer bunten Wand mit Blütenreliefs steht dieser geschnitzte Kerzenleuchter.

Rechts: Aus Brunnen in Elefantenform fließt das Wasser in die Fischbecken.

Gegenüber: Der Türrahmen im Spa mit den bunten Glasscheiben ist eine indische Schnitzarbeit aus dem zwölften Jahrhundert.

Rechts: Diese Stehleuchte in der Suite *Romeo und Julia* ist mit einer venezianischen Maske dekoriert, die Kissen sind mit tibetanischen Stoffen bezogen.

Oben links: Für die Gestaltung des Badezimmers der Suite *Apsara Residence* ließ sich Anhar Setjadibrata von der mittelalterlichen indonesischen Badekultur inspirieren. Die Steinskulptur, die zum Wasserhahn umfunktioniert wurde, stellt Nandi dar, mythologisches Reittier und treuer Diener Shivas.

Oben rechts: Am Eingang zur hinduistisch-balinesisch inspirierten Suite *Tirta Gannga* prangt eine aus Holz geschnitzte Wächterfigur.

Gegenüber: Dieses beeindruckende Himmelbett befindet sich in der Suite *Apsara Residence*. Die Säulen des Himmelbetts, antike indische Schnitzarbeiten, ruhen auf einem Steinsockel aus dem siebzehnten Jahrhundert.

CHINA HOUSE

Gestaltung: Neri and Hu Design and Research Office

Das zum Hotel Mandarin Oriental in Bangkok gehörende China House zählt zu den renommiertesten Restaurants in der thailändischen Hauptstadt: Küchenchef Jereme Leung und Sous Chef Kong Khai Meng widmen sich der klassischen kantonesischen Küche, die sie jedoch innovativ interpretieren. Mit seinen hohen, von Ebenholzsäulen getragenen Decken und den zahllosen roten Deckenleuchten hat man hier den Eindruck wahrer Monumentalität.

Rechts: In diesem Haus aus der Kolonialzeit residiert das Restaurant.

Gegenüber: Der beeindruckende Speisesaal mit den hohen, die Decke tragenden Ebenholzsäulen.

Oben: Ein Speisesalon des Restaurants.

Links: Das Restaurant erstreckt sich über drei Etagen. In einer der oberen befindet sich dieser mit bequemen Sesseln und knallroten Deckenleuchten ausgestattete Salon.

Links: In einem der intimen Salons in der ersten Etage steht diese kleine antike Skulptur.

Gegenüber: Die Sofas wurden von den Liegen in den Opiumhöhlen des frühen zwanzigsten Jahrhunderts inspiriert.

Interieur: John Rifenberg

JOHN RIFENBERG

Die Wohnung des aus Deutschland stammenden Architekten John Rifenberg, der lange Zeit in Bangkok lebte, befindet sich in einem Wohnhaus, das er selbst entworfen hatte. Die beachtlichen zweihundertachtundachtzig Quadratmeter – eingerichtet in neutralen Farben, mit natürlichen Materialien und viel Licht – zeugen von der Liebe des Besitzers zu Kunst und Flair Asiens.

Oben: Fragmente einer vergoldeten birmanischen Holzskulptur umrahmen einen Spiegel im Wohnsalon. Die thailändischen Silbergefäße sind Kunsthandwerk aus dem neunzehnten Jahrhundert.

Rechts: Dieser Korridor führt in das Esszimmer. Die aus dem elften Jahrhundert stammende Bronzemaske auf dem Podest ist eine kambodschanische Arbeit. Das Gemälde daneben zeigt König Rama II.

Gegenüber: Im frühen neunzehnten Jahrhundert entstand diese chinesische Steinskulptur; das Wandgemälde im thailändischen Stil schuf Chavalit Oumsiri.

Rechts: Aus diesem Ankleideraum mit der chinesischen Steinskulptur gelangt man in das Badezimmer, dessen Wände mit einer Teakholztäfelung verkleidet sind.

Unten: Ein Blick aus dem Esszimmer in den Korridor.

Oben: Aus dem frühen neunzehnten Jahrhundert stammt diese chinesische Steinskulptur.

Rechts: Das Schlafzimmer des Hausherrn – auch hier sind die Wände mit Teakholz verkleidet – vom Ankleideraum aus gesehen. Alle antiken Möbel dieser Räume sind chinesischer Provenienz.

Oben: Ein gläserner Lüster beleuchtet den Tisch im Esszimmer, umgeben ist er von Stühlen, deren Rückenlehnen aus Wiener Strohgeflecht bestehen.

Gegenüber: Gedeckt ist der Tisch mit wertvollem handbemaltem Porzellan aus Thailand.

ANTONIA SAMPSON

Architektur: Antonio Ochoa-Piccardo

Das von dem aus Venezuela stammenden Architekten Antonio Ochoa-Piccardo entworfene Haus vereint harmonisch Tradition (mit dem *siheyuan* genannten, für Peking typischen Innenhof), zeitgenössischen Lifestyle und einen Hauch der Poesie des Zen. Hier wohnt zur Zeit Pascale Nivelle, Korrespondentin der französischen Tageszeitung *Libération*, mit ihrem Mann Charlie. Wenngleich neu errichtet und mit allem modernen Komfort – Badezimmer, moderne Küche – ausgestattet, scheint das ganze Gebäude in der Vergangenheit zu leben. Seine Vorderseite liegt an einem *hutong*, eine enge, dicht von Wohnhäusern bestandene Gasse, wie man sie im modernen Peking kaum noch findet. Sein Dachstuhl besteht aus altem, wiederverwertetem Holz, das Dach ist mit den traditionellen Keramikziegeln gedeckt und auch die Eingangstüre ist Jahrhunderte alt, unverputzte Steinwände definieren die Innenräume. All diese Details schaffen den Eindruck, als befände sich das Haus in einer Zeit, die es längst nicht mehr gibt.

Rechts: Für den Eingang wurde die alte Tür eines Landhauses restauriert.

Gegenüber: Ein Korridor trennt die Räume. Die Wände wurden aus nacktem Stein errichtet und an den Durchgängen mit Holz verkleidet. Stuhl und Schreibtisch wurden in Peking hergestellt, und zwar nach Entwürfen von Pascale und Charlie Nivelle.

Oben: Das Dach des Hauses ist mit Keramikziegeln gedeckt.

Links: Das ins Wohnzimmer – überragt von einem alten hölzernen Dachstuhl – einfallende Licht wird durch das enge Gitter der Fensterläden gefiltert. Als Ergänzung der Fußbodenheizung dient der dänische Ofen. Sämtliche Einrichtungsgegenstände dieses Raums stammen von Ikea, nur der Teppich ist ein originaler Xinjiang. Das Bild an der Wand ist eine Arbeit von Gilles Sabrié, einem talentierten, in Peking lebenden Fotografen. »Er ist ein enger Freund, aber dass er in Peking lebt, haben wir im Internet entdeckt«, verrät Pascale Nivelle.

Gegenüber und rechts: Auch an diesen beiden Details ist die starke Ausdruckskraft zu erkennen, die aus dem Kontrast zwischen nacktem Stein und warmem Holz entstand. Die Fotografien stammen von Gilles Sabrié.

Gesamtprojekt: Victoria Sala

DAS HAUS AUF DEM BERG

Wir befinden uns, hundertachtzig Kilometer von Peking entfernt, inmitten dicht bewachsener Berge und grüner, im Dunst liegender Täler. Die Große Mauer ist in Sichtweite und auch die Dächer der verstreut liegenden Häuser im Dorf Huangtangkou. Den aus vier Teilen bestehenden Baukomplex entwarf die seit Jahren in China lebende Britin Victoria Sala. Altes und Neues hat sie dabei so ausgewogen und harmonisch zusammengefügt, als sei das Neue eine natürliche Entwicklung aus der Tradition. Die Tradition, das ist ein langgestreckter, an die zweihundert Jahre alter Bau; parallel dazu verlaufen drei neue Bauten im selben »Format«. Den Unterschied zwischen Alt und Neu definieren die Dächer und die Fenster: Das alte Haus ist mit den klassischen Ziegeln gedeckt, die Fenster der neu errichteten Bauteile sind großflächig, auf die typischen Fenstergitter wurde hier ganz verzichtet.

Rechts: Vom Beginn des Zugangswegs sind die vier Baukörper des »Hauses auf dem Berg« gut zu unterscheiden: Jener, der hier bereits seit zweihundert Jahren steht, wird durch einen Tympanon über dem Eingang gekennzeichnet, die drei neuen Flügel tragen zwar andere Dächer, ihre Form jedoch fügt sich in die traditionelle Bauweise.

Die mit zwei antiken Vasen betonte Treppe im Eingangsbereich führt in die neuen Flügel des Hauses, dessen gesamte Anlage man an der Hangneigung des Geländes ausgerichtet hat.

Die Achse, die vom Vestibül zur Treppe führt, durchquert den ersten der drei modernen Bauten. Die Betonelemente bleiben unauffällig, die unverputzten Ziegelwände wurden erdbebensicher errichtet. Auf dem mit Matten belegten Boden liegen in Kashgar erworbene tibetanische Teppiche aus dem neunzehnten Jahrhundert.

Oben: Kraftvoller Fokus dieses kleinen Salons ist zweifellos das dekorative traditionelle Kleidungsstück an der Wand.

Rechts: Das optische Zentrum des großen Wohnraums ist der moderne offene Kamin, dominiert wird der gesamt Raum jedoch von dem malerischen hölzernen Dachstuhl. Den Rahmen für die Landschaft draußen bilden Fenster über die gesamte Höhe des Raums.

Vorhergehende Doppelseite: Mit viel Feingefühl wurden in dem kleinen Salon antike mit modernen Stücken kombiniert – beispielsweise die beiden Regalkästen aus Tibet, in denen Pferdefiguren aus Terrakotta Platz finden, oder der niedrige Tisch rechts, einst ein buddhistischer Altar, und die Möbelstücke nach europäischem Geschmack. Letztgenannte stammen von Livima Home, dem Möbelstudio Victoria Salas in Peking. Die Möbel, die hier entworfen werden, sind von provenzalischen, gustavianischen und holländischen Stilelementen inspiriert.

Oben: Ein schmaler, von einer unverputzten Ziegelmauer umgebener Garten trennt den ursprünglichen Bau von den drei modernen.

Gegenüber: Vor dem Eingang ins Haus legte Victoria Sala eine schlichte Plattform an. Hier kann man auch im Freien den Anblick der großartigen Natur der Umgebung genießen.

Architektur: Kengo Kuma

BAMBOO HOUSE

Was die Interpretation dieses weitläufigen Hauses betrifft (es erstreckt sich über mehr als siebenhundert Quadratmeter), folgt Kengo Kuma, einer der großen Architekten Japans, zwei Richtungen. Die eine besteht aus einer gedanklichen Assoziation mit der Chinesischen Mauer, einem riesigen Bauwerk, das etwas verhüllt, dabei jedoch – wie dieses Haus – nicht isoliert, sondern im Kontext zur sie umgebenden Landschaft steht. Die andere bezieht sich auf die Entscheidung für Bambusstäbe als Außenhaut, um diesen Große-Mauer-Effekt zu erreichen. Diese Materiallösung, erklärte der Architekt, steht nicht im Widerspruch zur Landschaft, ganz im Gegenteil, sie bedeutet eine Neuinterpretation ihrer Sprödigkeit. Ihr Ziel ist es, etwas Harmonisches zu schaffen. Auch im Inneren, wo die tragenden Strukturen aus Glas und Beton mit Bambus verkleidet wurden, bleibt dieses Material vorherrschend. Seine Präsenz wird so zum dominierenden Gestaltungselement, das – perfekt abgestimmt auf die taoistische Schlichtheit der Einrichtung – durch die unterschiedliche Stärke der Bambusrohre Licht und Transparenz sanft moduliert.

Rechts: Das Haus ist vollständig mit Bambusrohren verkleidet, lediglich über den Fenstern wurden die Stäbe als bewegliche Paneele montiert.

Der lokale Stein, der für den Bodenbelag verwendet wurde – hier am Treppenabsatz zu den Schlafräumen – bildet einen ausdrucksstarken Kontrast zum Bambus. Links erahnt man den Hof, über den man in das Haus gelangt.

Oben: Im Vorraum bedeckt Bambus auch den Boden und bietet jedem, der barfuß darauf geht, eine Art Fußmassage.

Rechts: Die großen Glasflächen – hier im Speisezimmer – sind dicht von Bambusrohren umgeben. Doch anstatt einfach nur das Licht abzuschirmen, kreieren sie ein reizvolles Spiel zwischen Hell und Dunkel.

Folgende Doppelseite: Im großen Wohnsalon bildet die Glaswand nur eine subtile Trennung von der Außenwelt. Damit wird die üppige Vegetation der Umgebung zu einem Teil des Interieurs.

Der Eingang, an dem zwei Stufen den Niveauunterschied des Bodens kompensieren, wird von einem Vordach aus Bambus geschützt.

Oben: Auch im Badezimmer spielt Bambus die Hauptrolle.

Links: Im Schlafzimmer schuf Kuma eine Verknüpfung zwischen japanischer und chinesischer Kultur: Japanisch sind die Tatami-Matten auf dem Boden, chinesisch die Komposition der wenigen Einrichtungsgegenstände.

Interieur: Anhar Setjadibrata

TUGU LOMBOK

Der Hotelkomplex Tugu Lombok liegt auf der gleichnamigen Trauminsel inmitten eines sechs Hektar großen Palmenwaldes, der sich entlang dem nordwestlich gelegenen weißen Strand von Sire erstreckt. Von hier blickt man auf den Ozean und auf den Mount Rinjani. Tugu Lombok besteht aus verschiedenen Bauten – einige sind alt, einige wurden mit antiken Bauteilen rekonstruiert – und ist eine Reverenz an die Mythologie Indonesiens. Dazu zählt das Restaurant Bale Kokok Pletok (gegenüber: vom Strand aus gesehen), dessen Dach in fünfzehn Metern Höhe von zehn Säulen getragen wird. Sie stellen die von den Menschen Lomboks verehrte Reisgöttin Dewi Sri dar. Der Hahn und die Schlange, die sich den Dachfirst des Restaurants entlangschlängelt, sind weitere Darstellungen der Göttin beziehungsweise ihres Bruders. Das spiegelglatte Wasser vor dem Restaurant gehört zum Infinity-Pool, in dem da und dort antike Statuen himmlischer Wächter auftauchen.

Oben: Der Torschmuck ist ein Tribut an den australischen Künstler Donald Friend, der in den 1960er- und 1980er-Jahren auf Bali gelebt hat.

Oben: Der Infinity-Pool und der Strand vom Restaurant Bale Kokok Pletok aus gesehen.

Gegenüber: Die nach der Gestalt der Göttin Dewi Sri geformten Säulen des Restaurants. Zu ihren Füßen stehen Lampen aus Alang-Alang-Gras und einem Material, aus dem man hier Vogelkäfige anfertigt.

Spiegelglatt liegt das Wasser des
Pools vor dem Panorama des Ozeans.

Rechts oben und unten: Einige der Bungalows, deren Dächer mit dem traditionellen Alang-Alang-Stroh gedeckt sind. Draußen wurden, um ganz entspannt die milde Luft genießen zu können, Kissen bereitgelegt.

Das offene Badezimmer vor einer der *Bhagavat Gita*-Suiten, die alle einen Blick auf den Ozean bieten. Die Badewanne ist aus einem riesigen Flussstein geschnitten, das Innere der Suiten dagegen ist mit Mosaiken aus farbigen Marmorelementen gestaltet. Die beiden Hocker sind antik, die Bambuswand dient als Sichtschutz.

In einer der *Aloon-Aloon*-Gartenvillen steht dieses antike Himmelbett vor einem Fenster zum Garten. Die dichten Vorhänge schützen die Schlafenden vor Insekten.

Oben und unten: In den an einer Seite offenen Badezimmern der *Aloon-Aloon*-Gartenvillen sind die übergroßen Badewannen aus Kupfer angefertigt.

Oben: Kerzen und kleine Votivfiguren stehen hier auf einem balinesischen Stuhl.

Rechts: Der Blick über den Strand auf den Ozean aus dem Privatgarten einer der Gartenvillen.

TENGKU ISMAIL

Das Pura Tanjung Sabtu Retreat ist eine Ansammlung aus Holzhäusern mit spitzgiebeligen Dächern, wie sie für das Gebiet Terengganu im Nordosten Malaysias typisch sind. Das Anwesen liegt auf einer Landzunge im Fluss Nerus nahe Kuala Terengganu, dem zentralen Hafen an der malaysischen Ostküste. Es ist die Residenz von Yang Mulia Tengku Ismail bin Tengku Su, renommierter Designer der traditionellen Kopfbedeckung *songket* (so heißen auch die berühmten Stoffe Malaysias) und Schmuckdesigner. Zwischen 1992 und 1996 kaufte Tengku Ismail eine Reihe verlassener Häuser in Terengganu, zerlegte sie in ihre Einzelteile, sanierte die tragenden Elemente und ersetzte, was ganz kaputt war – einzelne Holzpaneele für die Wände, Säulen, Keramikfliesen – durch entsprechende Teile von anderen alten Häusern. Das Ergebnis ist eine Art Reinkarnation eines traditionellen Dorfes.

Rechts: Ein Teil des »Dorfes«, der Residenz Tengku Ismails. Hier lebte im neunzehnten Jahrhundert Terengganus Sultan Zainal Abidin III.

Oben: Nischen und Schnitzereien in den Wänden charakterisieren die traditionellen Bauten, die es hier in zwei unterschiedlichen Typen gibt: *rumah kuala ibai* und *rumah seberang baroh*. Erstgenanntes hat ein spitzgiebeliges, weit vorkragendes Dach, das von sechs oder acht Säulen gestützt wird. Das Dach des zweiten Typus ist ebenfalls spitzgiebelig, besteht jedoch aus zwei übereinandergeschobenen Lagen und wird von zwölf oder sechzehn Säulen getragen.

Oben und gegenüber: Die Wohnräume sind gleichermaßen intim und von erlesener Ästhetik. Hier mischen sich die verschiedenen Kulturen, die die Wohntradition dieser Gegend prägen. Ihre Wurzeln haben sie alle in der Vergangenheit der Stadt Kuala Terengganu, einst Zentrum des Handels zwischen China, Indonesien und Malaysia. Besonders auffällig in diesen Räumen sind die filigranen Schnitzarbeiten in den Wänden.

Folgende Doppelseite: Die Natur ist ein Bestandteil der Architektur der Residenz Tengku Ismails. Weit öffnen sich die Wohnräume auf die Veranda (*serambi* in der Landessprache), große Fenster umrahmen die üppige Vegetation, die so zum Hauptdarsteller des Interieurs wird. Unterstrichen wird dieser Eindruck durch die aufgespannten Schirme im Inneren des Raums.

Oben: Eine der Terrassen – diese scheint sich in die dichte Vegetation zu erstrecken. Das gesamte Gelände, bewachsen mit Palmen, Bambus, Mango- und Rengasbäumen, umfasst rund sieben Hektar.

Gegenüber: Neben den Dächern sind es auch die unregelmäßigen Grundrisse, die diese Häuser charakterisieren und die Wohnbereiche schaffen, wo man sie nicht erwartet hätte. Dazu gehört auch diese Veranda mit dem Tisch, auf dem Früchte dekorativ arrangiert wurden.

Oben und gegenüber: Das Schlafzimmer des Hausherrn wird von einem Bett mit solider Teakholzbasis samt Baldachin und Mückennetz dominiert.

Interieur: JinR (Zhang Jin Jie)

BATH HOUSE RESIDENCE, SPA

Auf dem Gelände des Lifestyle-Tempels Green Tea House Living am Stadtrand Pekings, der 1997 eröffnet wurde, entstand im Jahr 2009 die Bath House Residence – ein Spa, kreiert von Zhang Jin Jie, besser bekannt unter dem Namen JinR, der revolutionären »Kaiserin« des modernen chinesischen Stils. Inspiriert von den Badehäusern der Tang-Dynastie (626–907) – laut JinR war es das Bad einer kaiserlichen Konkubine, das sie besonders beeindruckte –, ist dieses Spa die moderne Interpretation des »Zen des Bades«. Es vermittelt die Atmosphäre eines urbanen Lofts, dank natürlicher Elemente allerdings in verfeinerter, fast metaphysischer Form. »Meine Liebe zur Epoche der Tang entstand aus meiner Liebe zum Schlichten, Einfachen, die das Herz der chinesischen Teekultur sind«, erklärt Jin Jie. Im Jahr 2009 hat ihr Spa den AsiaSpa Award in der Kategorie »Spa des Jahres« gewonnen.

Oben: Die Gitterblende erinnert an eine Bambuspalisade, davor liegt auf dem Boden eine Matratze, auf der sich Gäste während einer Massage entspannen können. Auf dem niedrigen Tischchen stehen Öle und Salben – alle im Haus hergestellt – für die Behandlung bereit.

Rechts: Das bohnenförmige Wasserbecken ist einem Teich in einem Garten der Götter nachempfunden: unten wachsen Wasserpflanzen, darüber schwebt ein verästelter Zweig – eine Art Natursculptur.

真

Vorhergehende Doppelseite: Ein Blick in den zentralen Raum des Spa. Die Treppen im Hintergrund rechts und links der schmalen Wand führen in das Green Tea House. Rechts der »Behandlungspavillon«, eine Plattform, die sich in dem puristischen Ambiente erhebt. Hier bekommen die Gäste ihre Massagen mit hochwertigen Ölen und Essenzen.

Ein weiterer Blick in das Spa. Im Vordergrund steht das Sofa *Victoria & Albert* von Ron Arad für Moroso. Rechts oben an der Decke sind Projektoren zu sehen, die für Farbtherapien Verwendung finden.

Detail aus dem
»Behandlungspavillon«.

Links oben: Der Raum für Waschungen.

Rechts oben: Diese Treppe führt in die kleineren Behandlungsräume.

Gegenüber: Jenseits der Vorhänge befindet sich der Raum für die Wassertherapie. Das Licht, das sanft durch die hohen Fenster fällt, spiegelt sich im Natursteinboden.

Links und gegenüber: Details aus dem Raum für die Wassertherapie. Auf einem langen Steintisch befinden sich ein muschelförmiges Holzbecken und moderne Armaturen. An der Wand lehnt ein geschnitzter Türflügel – ein Beispiel für das hohe Niveau chinesischer Handwerkskunst.

WANG LI

Wer auf der Suche nach einem traditionellen chinesischen Stadthaus ist, der sollte bei diesem Haus mit Innenhof gleich neben der Verbotenen Stadt haltmachen. Es ist kein altes Haus, sondern ein entsprechend den Bedürfnissen des zwanzigsten Jahrhunderts neu errichtetes. Doch was seine Form und seinen Grundriss betrifft, entspricht es ganz dem, wie man zur Zeit der Qing-Dynastie baute. Errichtet wurde das Haus – es steht auf einer erhöht liegenden Plattform, unter der sich ein Schwimmbecken und ein Kinosaal befinden – um einen Innenhof, der in seinen Proportionen der klassischen Symmetrie folgt. Alle äußeren Merkmale sind wie ein Lehrbeispiel für chinesische Architekturgeschichte: die Giebeldächer mit den typischen Dachziegeln, die den Portikus schmückenden Intarsien, die aus Stein modellierten Tiergestalten an den Eingangstüren, die böse Geister fernhalten sollen.

Oben: Ein ganzes System aus Treppen und Korridoren führt von der Straße hinauf in die Wohnbereiche des Hauses.

Rechts: Der Haupteingang – hier aus dem Innenhof gesehen – liegt in einer der *hutong* genannten kleinen Gassen in Peking. Besonders schön sind die vergoldeten Intarsien, mit denen die Kolonnaden rund um den Hof geschmückt sind.

In harmonischer Symmetrie erstreckt sich die Achse vom südlich ausgerichteten Eingang hin zum Wohnbereich. Unterstrichen wird die Ausgewogenheit des gesamten Baus durch die überlegt platzierten Pflanzen. Und auch das Rot der Holzrahmen ist ein Tribut an die Tradition.

Links und oben: Der sorgfältig arrangierte Luxus im Wohnraum zeugt von der speziellen Sammellust des Besitzers: Der niedrige Tisch im Vordergrund wurde bei Livima House hergestellt (einer der besonders noblen Produzenten europäischer Möbel in China), wobei als Tischplatte ein alter Türflügel verwendet wurde; im Hintergrund steht an der Wand eine Tagesliege aus Jiangxi, darüber hängt ein gerahmter alter Fensterladen, in den Schriftzeichen geschnitzt wurden. Ganz hinten links ist eine antike Truhe zu sehen, deren Seitenwände mit Tierreliefs geschmückt sind.

Oben: Zwei Details eines weiteren Eingangs in das Wohnhaus. Auch hier stehen zum Schutz des Hauses und seiner Bewohner meisterhaft aus Stein geschnittene »Wächter«.

Gegenüber: So präsentiert sich der Eingang zum Haus mit den beiden kleinen Steinlöwen zur Abwehr böser Geister von einem der *hutongs* aus gesehen. Die unverputzte Ziegelmauer entspricht der lokalen Bautradition.

Die beiden Seiteneingänge befinden sich an der Nordseite des Hauses, das insgesamt nach den Regeln des Feng Shui ausgerichtet ist.

Den geraden Weg in das Haus versperrt eine große Steintafel. Die eingeschnittenen Schriftzeichen bilden Formeln, mit denen böse Geister (die grundsätzlich horizontal und gerade ins Haus wollen) in die Irre geführt und so von dem Domizil ferngehalten werden sollen.

DAS HAUS DES TEEMEISTERS

Das Teehaus ist sowohl in der japanischen wie auch in der chinesischen Tradition jener Ort, der einer besonderen Zeremonie gewidmet ist: Hier, im *chashitsu*, findet die Teezeremonie statt, ein Ritus, der unter der Leitung eines Teemeisters ein Höchstmaß an Ästhetik und Komplexität entfaltet. Der *chashitsu* des Teemeisters in Tokio ist im Daime-Stil errichtet: Sein Grundriss entspricht dem Format von drei Tatami – zwei in voller Länge parallel nebeneinander, ein dritter, um ein Drittel verkürzter Tatami liegt quer zu den beiden langen Tatami. Das Teehaus besteht aus dem *zangetsutei* (dem Raum der Teezeremonie), an den sich eine Veranda zum Garten hin anschließt, und dem *mitsuya*, einem Raum für die Zubereitung von Speisen.

Oben: Ein Detail aus dem *zangetsutei*. Auf dem beweglichen Kohlebecken *(furo)* wird in einem eisernen Kessel *(kama)* das Wasser erhitzt. Daneben steht *mizusashi*, das Frischwassergefäß, aus dem der *kama* gefüllt oder Wasser zum Reinigen der Teeschalen *(chawan)* genommen wird.

Rechts: Der Korridor *(roka)*, über den die Gäste in den Zeremonienraum gelangen, liegt zum Garten hin.

Der Raum der Teezeremonie. Aus den Filmen Ozu Yasujiros, Uchida Tomus oder Yoshimura Kozaburos hat das Abendland viel über diese auf das Wesentliche reduzierten Räume gelernt.

Ein weiterer Blick in den Zeremonienraum. Die Kissen auf dem Boden künden das Eintreffen der Gäste an. Der chinesische Schriftsteller Lao She hat das Schauspiel *Ch'a-kuan* (*Das Teehaus*, 1958) diesem Ritual gewidmet: In der typischen Atmosphäre eines Teehauses erzählen verschiedene Menschen ihre Lebensgeschichten.

Der Eingang in das Teehaus.

In diesem Herd wird das Kohlebecken erwärmt, auf dem später der Tee zubereitet wird. Charakterisiert wird dieser Raum von drei Tatami-Matten, deren klare Geometrie Ausgeglichenheit vermittelt.
Alles in diesem Haus erzählt von der Natur – das Holz, das Reispapier der lichtdurchlässigen Schiebewände, *shoji*, und der opaken Schiebetüren, *fusuma*, und die Reisstrohfasern der Tatami-Matten. Sie alle sind Ausdruck einer Philosophie, die danach trachtet, mit dem, was uns umgibt, zu verschmelzen.

DAS HAUS DES MÖNCHS YOT BON

In Siem Reap – mit rund fünfundachtzigtausend Einwohnern eine der größten Städte Kambodschas – leben viele buddhistische Mönche. Der Grund dafür heißt Angkor, ein rund vierhundert Quadratmeter großes Gebiet, das vom neunten bis zum fünfzehnten Jahrhundert das Zentrum des Khmer-Königreiches war und heute zum Weltkulturerbe der UNESCO zählt. Auf diesem riesigen archäologischen, mit Tempelruinen übersäten Gelände liegt auch Angkor Wat, der einzige größere Tempel, der nicht verlassen wurden, sondern über das sechzehnte Jahrhundert hinaus ein buddhistisches Heiligtum war. In diesem Umfeld lebt der buddhistische Mönch Yot Bon. Seine Behausung ist schlicht, aber nicht im Geringsten als ärmlich zu bezeichnen. Ganz im Gegenteil: Sie ist voller Zauber, voller mystischer Schwingungen, voller fröhlicher Farben.

Rechts: Das Haus, in dem Yot Bon lebt. Gleich neben der fragilen Holzkonstruktion erhebt sich ein Hinweis auf die Pracht von Angkor.

Die beiden in bunten Farben geschmückten Altäre im Gebetsraum bieten Platz für zahlreiche Devotionalien. Ihre Gestaltung zeugt von Spontaneität und Ungezwungenheit.

Gegenüber: Der Eingang weist auf das Mysterium der Einfachheit des Mönchslebens hin: getünchte Holzpaneele sind gleichermaßen Abstandhalter und Verstärker der schlanken Eichenstäbe. Die Bodenbretter liegen auf nackter Erde.

Rechts: Hinter den orangefarbenen Tüchern verbirgt sich Yot Bons Bett. Orange ist auch die Farbe der Kleidung der Mönche.

Folgende Doppelseite: Das schöne, schlichte Haus des Mönchs ist ein Zufluchtsort für die Ausgestoßenen von Siem Reap. Eine einfache, klapprige Pumpe, die jedoch perfekt funktioniert, garantiert die für die Hygiene und das Kochen unentbehrliche Wasserversorgung. Hinten wurde im Ofen Feuer angezündet.

HIROYUKI SHINDO

Das Dorf Kita, sechzig Kilometer nördlich von Kyoto gelegen, wurde im Jahr 1993 jener japanischen Institution unterstellt, die sich um den Erhalt der grandiosen historischen Monumente kümmert, von denen es eben in Kita eine ganze Reihe gibt. Und unter diesen ist das hier Beschriebene möglicherweise sogar das wertvollste. Das Haus stammt aus jener Zeit, die als Tokugawa- oder Edo-Epoche (1603–1853) bezeichnet wird, weil Shogun Tokugawa Ieyasu seinen Hof in Edo – dem späteren Tokio – einrichtete. Im Jahr 1796 errichtet, ist es vor allem das Werk eines Zimmermanns aus dem Wakawa-Distrikt.

Oben: Der Dachfirst des Hauses ist mit zwei überkreuzten Holzstücken verstärkt, die eine Art Sattel bilden. Darin steckt ein langer Stab, der über die ganze Länge des Firsts verläuft, wodurch im Winter der Schnee schneller vom Dach rutscht. Sieben solcher aus Kastanienholz angefertigter Sättel bedecken den First. Die Zahl ist natürlich nicht zufällig gewählt: Sie verweist auf den hohen Rang des Besitzers.

Rechts: Ein erhöhter Steg – ein traditionelles Element japanischer Häuser – verläuft entlang der Fassade. Betreten werden die Räume durch Schiebetüren.

Die Möbel dieses Gästezimmers
wurden von Handwerkern aus der
Region hergestellt.

Das Spiel mit halb offenen, halb geschlossenen Schiebetüren verändert jeweils den Blick auf den üppig bepflanzten Garten, der das Haus umgibt. Zwischen den äußeren Türen und dem Raum liegt der *engawa* genannte Korridor: Dieser Gang ist der einzige immer sichtbare Teil des Hauses und führt in sämtliche Räume.

Folgende Doppelseite: Das Bett im Gästezimmer steht inmitten einer Fläche exakt verlegter Tatami-Matten. Typisch für Wohnhäuser aus der Edo-Epoche sind *kaidan dansu* (Treppenschrank) oder *hako kaidan* (Schachteltreppe) – ein Exemplar ist an der hinteren Wand zu sehen. Zweigeschossige Häuser waren damals eigentlich verboten, was man aber oft ignorierte. Um die obere Etage gewissermaßen zu verheimlichen, wurden diese Möbelstücke mit doppelter Funktion erfunden.

Oben: In einem der Haupträume des Hauses wurde eine Galerie eingerichtet, ein Raum, der sich durch eine intime, fast ätherische Atmosphäre auszeichnet. Hier stellt Hiroyuki Shindo seine Werke aus, in diesem Fall ein großes, metaphysisches Tafelbild mit einem indigoblauen Quadrat im Zentrum. Shindos international geschätzte Arbeiten sind unter anderem im Art Institute in Chicago, im Cleveland Museum of Art und im Israel Museum in Jerusalem ausgestellt.

Rechts: Little Indigo Museum nennt Shindo die Galerie, von der hier ein weiterer Bereich zu sehen ist.

Interieur: Carlo Pessina

CARLO PESSINA

Der italienische Designer Carlo Pessina hat in Bali, wo er auch lebt, ein florierendes Unternehmen für Möbeldesign gegründet, zu dessen Kunden unter anderem auch Ferrero, Lancia und namhafte Hotelgruppen zählen. Sein eigenes Haus befindet sich in Sanur an der Südostküste Balis, in einer Wohngegend rund vierhundert Meter vom Meer entfernt, die zu den schönsten der Insel zählt. Das Haus wurde – allerdings in einem subjektiven Modus – entsprechend balinesischer Bautraditionen errichtet. Verwendet hat er den für die Gegend typischen Palimanan-Sandstein, Kokosnussholz, Alang-Alang-Gras, natürliche Pigmentfarben für die Wände sowie als Finish einen »Terrazzoboden«: eine Art Mosaik aus Marmor und Bruchstücken von Steckmuscheln. Das Haus besteht aus dem Haupthaus, dem Gästepavillon und einem Bereich, wo sich der Pool und das Fitnessstudio befinden.

Oben: Die Mauern des Eingangsportals zum Gästepavillon wurden aus Paras, einem besonderen Kalksandstein, angefertigt, die balinesischen Wächterstatuen aus Sandstein.

Rechts: Die Skulptur im Vordergrund – sie befindet sich im Korridor vor dem Studio und den Schlafzimmern – stammt aus Kalimantan (Borneo). Über der antiken javanischen Bank hängt eine alte Schnitzarbeit aus Bali; links der Tür steht ein balinesischer, aus einem massiven Stück Holz geschnitzter Gong, der üblicherweise in Dörfern verwendet wird, um unüberhörbar Alarm zu schlagen.

Oben: Im Vordergrund links steht im großen Wohnsalon ein Teil eines Bootes von der Insel Madura. Das Tagesbett, von dem rechts ein Teil zu sehen ist, war ursprünglich ein javanischer Webstuhl, den Tisch weiter hinten, einst ein antiker Schrank, hat Carlo Pessina unter Verwendung von Steckmuschel-intarsien entworfen. Links davon hängt an der Wand eine antike Leiter, die von der zu den Molukken gehörenden Insel Leti stammt. Das Dach ist mit Alang-Alang-Stroh gedeckt.

Gegenüber oben: Vom Wohnsalon aus blickt man in den Garten mit seinen Palmen, Frangipani, Bromelienpflanzen und Orchideen.

Gegenüber unten: Detailansicht des Eingangs.

Links: Ein anderer Blickwinkel des Wohnraums. Links im Vordergrund ist ein gerahmter Spiegel samt Konsole zu sehen, die beide nach einem Entwurf Carlo Pessinas aus oxidiertem Messing angefertigt wurden. Ebenfalls von Pessina entworfen wurden die Sessel aus Kokosnussholz sowie der ovale Esstisch mit einer Platte aus Steckmuscheln. Die aus Holz geschnitzten Hirsche im Hintergrund stammen aus der Sammlung Donald Friends, einem australischen Maler, der bis 1980 in Bali gelebt hat. Die in den »Terrazzoboden« eingearbeiteten Holzstäbe geben einen interessanten optischen Effekt.

Rechts: Im Speisezimmer, von dem eine Tür in die Küche führt, steht dieses mächtige animistische Symbol aus Flores, eine der Kleinen Sunda-Inseln. Die große, mit geschnitzten Figuren aus dem indischen Epos *Ramayana* geschmückte Türe rechts stammt ebenso aus Java wie die beiden Holzfiguren ganz links. Der Tisch und die Stühle wurden nach Entwürfen von Pessina aus Kokosnussholz hergestellt.

Oben: In das intimere Wohnzimmer führt diese geschnitzte, mit Farben und Blattgold geschmückte Teakholztür, davor wacht eine Holzskulptur aus Borneo. Von der westindonesischen Insel Nias stammt das einzelne Holzpaneel an der mit natürlichen Pigmenten getünchten Wand. Das niedrige Sideboard unter dem Paneel wurde nach einem Entwurf Pessinas aus Kokosnussholz angefertigt.

Rechts: Das Blaue Gästezimmer (es gibt auch ein Gelbes) schmückt ein geschnitztes antikes, mit Rot und Blattgold verziertes Teakholzbett chinesischer Provenienz. Auf dem balinesischen Schrank - auch er eine Antiquität, hergestellt aus Teakholz, das mit Schnitzereien, Rot und Blattgold dekoriert wurde - steht eine Reihe indonesischer Skulpturen. Die balinesischen Schmuckmotive an der Wand wurden mittels Schablonen in Blau und Silber aufgebracht, und die Tür ist eine Antiquität aus Java.

Im Poolhaus steht dieses eindrucksvolle Tagesbett, eine aus Teakholz angefertigte Antiquität aus Java, die sich besonders durch die feine Schnitzarbeit des Betthimmels auszeichnet. Bedeckt ist es mit einem alten Stoff aus Sumba, eine der Kleinen Sunda-Inseln. Links und rechts neben dem Bett befinden sich zwei javanische Kästchen, ebenfalls mit geschnitzten Details und zudem mit Grün, Rot und Blattgold dekoriert. Auf dem linken Kästchen prangt ein balinesischer Garuda, das mythologische Reittier Vishnus.

Oben: Ein Weg aus Palimanan-Sandsteinplatten führt zu einem alten javanischen Haus, das man unverändert auf dem Grundstück stehen ließ. Davor wacht eine balinesische Sandsteinskulptur, rechts im Gras liegt ein Granitfragment eines alten chinesischen Tempels.

Rechts: Sowohl die aus einem massiven Stück Holz geschnitzte Bank wie auch der kleine Tisch aus Palmholz und Steckmuscheln im offenen Wohnbereich des Blauen Gästezimmers sind Entwürfe des Hausherrn. Der Boden ist aus blauem Terrazzo, die Lampe oben stammt aus der Kolonialzeit und ist holländischer Provenienz.

Folgende Doppelseite: Das Dach des Poolhauses ist mit Alang-Alang-Stroh gedeckt, der Boden rund um den Pool wiederum ein »Terrazzo« aus Marmor und Steckmuscheln. Die Treppe links führt in den *bale*, eine Art balinesischer Versammlungsraum, der hier jedoch als Frigidarium Verwendung findet. Verborgen hinter Palmen steht rechts hinten der Gästepavillon.

Interieur: JinR (Zhang Jin Jie)

GREEN TEA HOUSE

Das im Jahr 1997 gegründete Green Tea House zählt zu den markantesten Plätzen Pekings – emblematisch sowohl für das alte Peking der kaiserlichen Dynastien wie auch für das moderne China: Der Pavillon nimmt in seinem zeitgenössischen Minimalismus die Stilelemente jener Teehäuser auf, wie sie im »Himmlischen Reich« unter der Qing-Dynastie gang und gäbe waren. Die chinesische Teekultur ist nicht nur an eine ganz bestimmte Philosophie gebunden, sondern unterliegt auch einem präzisen Ritual. JinR – oder auch Zhang Jin Jie, Besitzerin und Gründerin des Green Tea House und außerdem die beste Köchin im Land – aber hat ein uraltes Tabu gebrochen, indem sie alles Überflüssige eliminierte und lediglich »die Poesie dieser mysteriösen alten Teehäuser« beibehielt: Weiß als vorherrschende Farbe, klare geometrische Formen, eine Einrichtung von fast mönchischer Kargheit, Seidenlüster, Steingutgeschirr. Entworfen hat all das JinR, die auch Musikerin, Komponistin und Künstlerin ist.

Oben: Eine Komposition aus Blumen und Vasen, arrangiert von JinR.

Rechts: Ein Detail aus dem großen Raum des Green Tea House mit der Silhouette einer Tee servierenden Frau.

Oben: Strohkissen umgeben dieses niedrige Tischchen.

Links: Transparente und reflektierende Oberflächen koexistieren in diesem gläsernen, intimen Pavillon mit einem alten chinesischen Apothekerkästchen.

Ein anderer Blick in den zentralen Raum, in dem weiße Gitterwände das einfallende Licht dämpfen. Unter den poetischen, handbemalten Seidenlampenschirmen glänzt der auf Hochglanz polierte Betonboden.

Oben: Auf der einen Seite weiße Gitterwände, auf der anderen massive schwarze Holzpaneele, und dazwischen unterbricht eine mysteriöse Holzskulptur den langen, durch den Salon führenden Korridor.

Gegenüber: Am Kopfende des langen Tisches im Salon steht der Stuhl *There is no Chair*, ein Entwurf von JinR.

There is no Table und *There is no Chair* (der Stuhl mit der überlangen Rückenlehne), beides von JinR entworfen, zitieren traditionelle chinesische Möbel.

Links: Im großen Salon befindet sich auch diese stille »Teeinsel«.

Unten: Das Design des Himmelbetts wiederholt die weißen Gitterwände.

Eine große Voliere umgibt diesen weiß getünchten Ast.

DAS HAUS DES MÖNCHS

»Ein Regentag/fern der Stadt/mein Fischerhaus/blüht nun« – wie der Haiku nach dem großen japanischen Poeten Yosa Buson (1716–1783) erscheint dieses Holzhaus: weit entfernt, abgeschieden von der zeitgeistigen Überfülle, mit der sich die Megastädte selbst belagern, unberührt von ihrer Dynamik und ihrer hektischen Zersplitterung, die der Architekt Fumohiko Maki vor einigen Jahren beschrieb. Eine unveränderliche Insel, auf der gegen die Atemlosigkeit des Alltags der Atem der Zeit fließt. Sein Stellenwert in der Gesellschaft mag nicht mehr viel gelten, doch dass er hier herrscht, ist die lebendige Erinnerung an eine große spirituelle Tradition. Maße, Proportionen und Farben laden zur Meditation ein. Der Garten, das Wasser, die Steine tragen die Gedanken in die Ewigkeit. Die Verknappung, die Leere sind nicht dekorativer Minimalismus, sie verkörpern den Keim allen Seins, jenes Gefäß, aus dem alles entsteht. Dies ist, alles in allem, das Haus eines Shinto-Mönches.

Rechts: Durch einen Garten, zurückhaltend, doch meisterhaft angelegt, gelangt man zum Haus, das von der Meiji-Epoche inspiriert ist und durch einen Pronaos aus kunstvoll geschnitztem Holz charakterisiert wird. In zwei großen Gefäßen wird Regenwasser für die Bewässerung des Gartens gesammelt. Hinten sind Stelen zu sehen; sie erinnern an die Ahnen, die im Shinto als göttliche Wesen betrachtet werden.

Ima, der Wohnbereich eines japanischen Hauses, lässt sich je nach Bedarf mit Schiebewänden – *fusuma* – aus Holzrahmen und Reispapier verändern.

Das Herz des Hauses ist ein multifunktionaler Raum – pur und schlicht, wie es einem Mönch entspricht. In der Mitte, umgeben von Kissen *(zabuton)*, befindet sich ein Kohlenbecken in einem ausgehöhlten Baumstamm, auf dem alten Ofen rechts hinten werden Speisen zubereitet.

Folgende Doppelseite: Üppig mit Gaben an die Götter und auf Stäbe geschriebenen Gebeten ist der Altar ausgestattet, an dem die täglichen Rituale ausgeführt werden. Shinto oder Shintoismus bildet mit dem Buddhismus die größte Religionsgemeinschaft Japans.

南無妙法蓮華經 為 深昂院殿妙恭日美大姉第壱周忌追善供養
松永幸子
川島章
林田三保子
高木久子
家所真実
三枝鈴子
山田英敏
高倉一郎
高木まり子
松村茂

南無妙法蓮華経 為 高倉家先祖代々之諸霊位追善供養之塔也 高倉家
南無妙法蓮華経 為 深昂院殿妙恭日美大姉第壱周忌追善供養 堀喜久男
南無妙法蓮華経 為 深昂院殿妙恭日美大姉第壱周忌追善供養 堀逸夫
南無妙法蓮華経 為 深昂院殿妙恭日美大姉第壱周忌追善供養 堀永恭
南無妙法蓮華経 為 深昂院殿妙恭日美大姉第壱周忌追善供養 松村泰輔
南無妙法蓮華経 為 深昂院殿妙恭日美大姉第壱周忌追善供養 松村拓胡
南無妙法蓮華経 為 深昂院殿妙恭日美大姉第壱周忌追善供養 長谷川ほみの
南無妙法蓮華経 為 深昂院殿妙恭日美大姉第壱周忌追善供養 松村勲
南無妙法蓮華経 為 深昂院殿妙恭日美大姉第壱周忌追善供養 松村富美子
南無妙法蓮華経 為 深昂院殿妙恭日美大姉第壱周忌追善供養 高倉不ニ子
南無妙法蓮華経 為 深昂院殿妙恭日美大姉第壱周忌追善供養 高倉紗永子
南無妙法蓮華経 為 深昂院殿妙恭日美大姉第壱周忌追善供養 松村威

Oben: Im Gästezimmer befindet sich dieser charakteristische niedrige Tisch *(zataki)* mit den dazugehörigen *zabuton*. Im Hintergrund links ist ein *kakemono* oder *kakejiku* genanntes Rollbild zu sehen. Der Schmuck ist typisch für klassische japanische Interieurs: zeitgenössische Dekoration als Interpretation eines traditionellen Stilelements.

Links: Die Ziegel, mit denen das stark vorspringende Dach des Hauses gedeckt ist, werden *kawara* genannt.

Vorhergehende Doppelseite: Eine andere Perspektive des *ima*. Links steht eine auf Hochglanz polierte Scheibe eines Baumstamms, die sich dem Besucher wie das Abbild einer Shino-Gottheit darbietet. Bemerkenswert ist der Boden, auf dem Tatami-Matten liegen: der Grundriss entspricht exakt dem Kanon der Tatami-Maße.

Gesamtprojekt: Jérôme Abel Seguin

VILLA JÉRÔME ABEL SEGUIN

Für seine balinesische Villa hat sich der französische Bildhauer und Designer Jérôme Abel Seguin zu einer modernen Interpretation der lokalen Bau-traditionen entschlossen und eine Villa im Stil eines Industrie-gebäudes aus dem neunzehnten Jahrhundert errichtet. Ausgenommen die Umlenkrollen, die Flaschenzüge und andere Gerätschaften ist hier alles ganz neu. Das Haus wurde auf einem ehemaligen Reisfeld in einer von Touristen selten besuchten Gegend errichtet und spiegelt sich in einem von Palmen umstandenen Schwimmbecken.

Rechts: Die Poolumrandung besteht aus Grauem Paras, einem balinesi-schen Sandstein, mit Palmen und Schraubenbäumen wurde der Garten bepflanzt. Unter dem nächtlichen Himmel erscheint der hell erleuchtete Speisebereich wie ein großzügiger Korridor.

Oben: Die Sessel und der Tisch – das Holz stammt aus Borneo – im Wohnraum entstanden nach Entwürfen Seguins; die Flaschenzüge sind industriearchäologische Fundstücke.

Gegenüber oben: Agaven und Kaktuspflanzen bilden eine grüne Insel zwischen dem Haus und der Umgrenzungsmauer.

Gegenüber unten: Der Speisebereich mit den von Seguin entworfenen Möbelstücken wurde außerdem mit einer Reihe antiker Elemente ausgestattet: auf zwei chinesischen Beistelltischchen aus dem neunzehnten Jahrhundert liegen alte, versilberte Umlenkrollen. Im Hintergrund die zwischen Palmen erkennbare Umgrenzungsmauer.

Gegenüber und unten: Betreten wird die Villa durch eine dichte Reihe schlanker Säulen – ursprünglich Telegrafenmasten. Links und rechts des niedrigen, von Seguin entworfenen Tischchens stehen zwei javanische Stühle.

Oben: Sowohl die Schemel als
auch der Tisch wurden von
Seguin entworfen.

Links: Ein anderer Blickwinkel
des Eingangs und des Wohnraums.

Interieur: Anhar Setjadibrata

DIE VILLEN IN DER JIMBARAN BAY

Dieser Villenkomplex liegt an der Jimbaran Bay in Bali, die für ihren milchweißen Strand berühmt ist. Die in typisch balinesischem Stil errichteten Villen mit Dächern aus Alang-Alang-Stroh stehen auf einem großen terrassierten Gelände, auf dem sich einst Reisfelder erstreckten. Jede der Villen inmitten der üppigen Vegetation verfügt über einen eigenen Innenhof, einige außerdem über private Pools. Beim großen Gemeinschaftspool im Garten hat man den Eindruck, sein Wasser würde sich in den Ozean ergießen.

Rechts: Der Eingang in eine der Villen führt durch diesen tropischen Garten.

Oben: Das Schlafzimmer einer der Villen. Eingerichtet ist es mit Möbeln, die von Handwerkern aus der Region angefertigt wurden.

Gegenüber: Das für Bali typische, sehr steile Dach. Gedeckt ist es mit Alang-Alang-Stroh.

Ein Badezimmer für zwei:
Die Waschbecken sind aus lokalem Sandstein geschnitten, Wasser strömt aus den Bambusrohren an der Decke.

Links: Zauberhaft spiegelt sich diese zweigeschossige Villa nachts in dem davorliegenden Pool.

Folgende Doppelseite: Seerosen und Lotos wachsen in diesem »hängenden Teich«.

TUGU BALI

Gesamtprojekt: Anhar Setjadibrata

Vor dem Ozean als Kulisse erhebt sich dieser auf Pfählen errichtete Gebäudekomplex wie ein Kompendium indonesischer Geschichte. Konzipiert hat ihn Anhar Setjadibrata, ein Liebhaber traditioneller indonesischer Kunst. Der Komplex besteht aus sechsundzwanzig Pavillons, die als eine Art Palimpsest die unterschiedlichen Zivilisationen und Epochen, die hier aufeinander folgten, widerspiegeln. Da gibt es den *Bale Sutra* oder Palast der Harmonie, einen mit feinem historischem Gespür wiedererrichteten chinesischen Tempel des achtzehnten Jahrhunderts; das *Puri Le Mayeur*, inspiriert von dem belgischen Maler Adrien Jean Le Mayeur de Meprès, der Bali ab 1932 zu seiner Heimat gemacht hat. Und schließlich den nach Walter Spies benannten Pavillon: Der deutsche Maler und Musiker hielt sich ab 1927 in Indonesien auf.

Rechts: Im Garten befindet sich diese Skulptur des Boma, jenes mythischen Wächters, der balinesische Häuser vor bösen Geistern schützt.

Gegenüber: Ein Blick in den *Bale Sutra* oder Palast der Harmonie. Der dreihundert Jahre alte chinesische Tempel wurde in Java Stück für Stück abgetragen und hier rekonstruiert. Er ist ein Symbol für die Harmonie zwischen chinesisch-indonesischer – *peranakan* – und balinesischer Kultur. Heute werden hier Diners veranstaltet.

Folgende Doppelseite: Das Wasserbecken im Garten.

百年偕老

Im *Bale Sutra* speist man im Angesicht der balinesischen Gnadengöttin, eine Skulptur aus dem achtzehnten Jahrhundert, und anderer prächtiger Kunstwerke. Der ganze Raum reflektiert die Harmonie zwischen chinesischer und balinesischer Kultur.

Rechts: Eine Gottheit wacht über diesen Tisch.

Unten: Ein Krug und Öllampen stehen auf dem schlichten Tisch im Waroeng Tugu, wo Lunch und Abendessen serviert werden.

Oben: Ein großzügiger Baderaum, wo man sich in parfümiertem Badewasser zwischen Blütenblättern räkeln kann. Ausgestattet ist er außerdem mit Strohmatten und -kissen.

Gegenüber: Die im Boden eingelassene Badewanne und das Massagebett in der *Rejang Suite*, von deren Veranda man über den grenzenlosen Indischen Ozean schauen kann.

Auch am Strand wacht eine Gottheit.

Links: Das *Waroeng Tugu* ist eine traditionelle Hütte, wo entsprechend indonesischer Gepflogenheiten gespeist wird. Dazu gehört auch schlichter, regionaler Hausrat.

Gesamtprojekt: Bill Bensley

VILLA DE LA PAIX

Die Villa de la Paix im kambodschanischen Siem Reap bezieht ihren Reiz aus ihren Anklängen an das alte Reich der Khmer, das zwischen dem neunten und fünfzehnten Jahrhundert blühte, und zwar nur ein paar Kilometer entfernt in der berühmten Region Angkor. Weiß, prachtvoll und in jeder Hinsicht der Tradition verbunden erweist der Palast – er ist ein Projekt Bill Bensleys von Bensley Design Studios – der Vergangenheit bereits mit der Fassade Reverenz. Mit seinen riesigen, Fackeln nachempfundenen Beleuchtungskörpern und der geheimnisvollen Skulptur einer Apsara vor dem Tor meint man einen Tempel zu betreten. Das Interieur entspricht dem äußeren Erscheinungsbild, wobei hier von den Khmer inspirierte Elemente mit dem Purismus japanischen Designs kombiniert sind.

Rechts: Der Patio, wo auf einer Insel im spiegelglatten Wasser des Beckens ein alter Ficus Benjamin wächst. Die faszinierende Struktur seines Stammes wird durch die Beleuchtung betont.

Links: Einer der Salons in den Säulengängen.

Unten: Ein Säulengang im Freien.

Gegenüber: Ebenfalls in einem Säulengang befinden sich diese »Schaukelsofas«.

Gegenüber: Die von der Khmer-Architektur inspirierten Wände mit ihren schwarzen und weißen Streifen und den kleinen Nischen umgeben die niedrigen Tische und japanischen Sitzkissen im Restaurant.

Rechts: Im Eingangskorridor steht diese Statue einer Apsara, der heiligen Tänzerin der Götter.

Ganz oben: Ein Zimmer, über dessen Bett eine biomorph geformte Wandskulptur hängt.

Oben: Dasselbe Zimmer – nun mit einem Blick vom Bett ins Badezimmer.

Links: Im Spa-Bereich befinden sich nicht nur diese Massagebetten, sondern auch die beiden Laternen ähnelnden Lampen.

Folgende Doppelseite: Diese voneinander getrennten Nischen beim Pool dienen der Entspannung. Die Reliefs an der Rückwand stellen Lebensbäume dar, deren Gestaltung wiederum von der Kunst der Khmer inspiriert wurde.

JOANNA CROSS

Hier handelt es sich weniger um ein einfaches Haus, sondern vielmehr um eine Wohnanlage. Man sieht das in Thailand häufig außerhalb der Städte: Wie die einzelnen Beeren einer Traube fügen sich die Gebäude zu einem Komplex, in dem schließlich mehrere Generationen einer Familie miteinander leben. Manche der einzelnen Häuser sind neu gebaut, manche sind alt. Dazu zählt jenes von Joanna Cross' Antiquitäten sammelnder Mutter Connie Mangskau: Hier ist alles aus Teakholz, ganz wie es die thailändische Tradition verlangt. Ursprünglich stand dieses Haus in einer Gegend nördlich Bangkoks, wo es abgetragen, auf einem Lastkahn hierher transportiert und wieder aufgebaut wurde. Ausgedacht hat sich dieses Projekt Jim Thompson, der auch eine erhöht liegende Veranda einplante. Daneben liegen zwei kleinere Häuser sowie ein großzügiger Wohnraum für alle. In einem dieser kleinen Häuser, umgeben von Möbelstücken und Antiquitäten, die ihre Mutter sammelte, lebt Joanna Cross.

Oben: Im kleinen Wohnzimmer steht dieses Tablett, auf dem die Lackstatuette eines birmanischen Priesters sitzt. Ganz vorne steht auf einem Tischchen eine kleine Schachtel für Nüsse.

Rechts: Eine weitläufige Veranda öffnet sich an der Vorderseite des Hauses. Der Karren stammt aus dem Norden Thailands, wo ihn einst Büffel über die Wege zogen.

Gegenüber: Das Wohnzimmer wird von zwei imponierenden Buddhastatuen sowie der aus dem neunzehnten Jahrhundert stammenden Statuette eines birmanischen Priesters dominiert.

Rechts oben: Den Zugang zur Veranda schmückt diese reich verzierte thailändische Kommode.

Rechts unten: Ein Blick in das Wohnzimmer mit einer weiteren vergoldeten Buddhastatue.

Folgende Doppelseite: Vor der zentralen Säule des Wohnraums stehen eine Khmer-Skulptur aus dem zwölften Jahrhundert und eine Trommel aus Laos. Das thailändische Gemälde an der Wand hinter dem geschnitzten, ebenfalls thailändischen Bett stammt aus dem neunzehnten Jahrhundert.

Oben: Zwei geschnitzte Türen, die ursprünglich einen antiken Tempel schmückten, flankieren einen vergoldeten Schrein. An der Wand dahinter befinden sich geschnitzte Teakholzpaneele.

Links: Das Himmelbett wurde aus Teakholz angefertigt, fein geschnitzt und bemalt.

Oben: Ein thailändischer Altar und eine Buddhastatue aus dem neunten Jahrhundert schmücken die Veranda.

Gegenüber: Ein kleines »Haus der Geister« – und in einem Garten gibt es schließlich nicht wenige –, das täglich mit Blumen, Weihrauch und kleinen Votivgaben geschmückt wird.

Gesamtprojekt: M. L. Tri Devakul

M.L. TRI DEVAKUL

M. L. Tri Devakuls – ein bekannter, in Harvard ausgebildeter thailändischer Architekt – Haus mit dem großen Garten befindet sich am Kata Beach, einer der schönsten Gegenden auf der thailändischen Insel Phuket. Dem hier bereits bestehenden Bungalow hat der Architekt mit der Zeit eine Reihe luftiger Bauten mit Dächern aus Alang-Alang-Stroh, einen Salzwasserpool und einen buddhistischen Tempel hinzugefügt. Der von Devakul angelegte Garten macht zwar den Eindruck eines Miniaturdschungels, ist jedoch mit Sorgfalt bepflanzt.

Oben: Dieser Weg führt zum kleinen buddhistischen Tempel.

Rechts: Ein offener und ein geschlossener Pavillon erheben sich ganz oben auf einem kleinen Hügel. Aus einem kleinen Teich daneben ergießt sich das Wasser in schmalen Kaskaden über drei Stufen den Hügel hinab.

Einer der Bungalows wurde als Speisezimmer eingerichtet. Die Fliesen, mit denen der Tisch verkleidet wurde, stammen aus lokaler Produktion. Vom Dach aus Alang-Alang-Stroh baumeln alte thailändische Küchengefäße, die Türen wurden aus Bambusrohren angefertigt.

Auf der Kuppe des Hügels trennt ein Fischbecken die beiden Pavillons. Der Büffel links vorne ist nordthailändischer Provenienz, die Außenleuchten wurden auf Zuckerpalmstämmen montiert.

Folgende Doppelseite: Von der Terrasse blickt man über den Salzwasserpool auf das offene Meer.

Architektur: Kengo Kuma

MICHITAKA HIROSE

Oben: Das Haus ist mit einer Außenhaut aus Stahlwellblech verkleidet. Obwohl die Wellen vertikal verlaufen, erinnern sie stark an das Aussehen amerikanischer Transkontinentalzüge im Stil der Streamline-Moderne.

Gegenüber: Im Eingangsbereich wurde die Wandverkleidung aus opalisierendem Kunststoff wellig verlegt, was im Kontext mit der minimal von der Wand abgesetzten Treppe einen skulpturalen Effekt kreiert.

Dieses im Universitätsviertel Tokios gelegene Haus ist eine architektonische Meisterleistung. Zunächst deshalb, weil die schwierigen Gegebenheiten des Terrains – eine Parzelle mit starkem Gefälle von bloß zweihundert Quadratmetern – intelligent integriert wurden. Aber auch, weil die Architektur mit logischer Stringenz und subtiler Poesie mit den Vorlieben des Besitzers korrespondiert: Der berühmte Professor für Computertechnologie hegt eine intensive Leidenschaft für Modelleisenbahnen. Und schließlich, weil die Architektur dieses Hauses einen ästhetisch-ordnenden Faktor in das ruppige architektonische Gewebe der Umgebung bringt. All das ist das Verdienst Kengo Kumas, japanischer Stararchitekt vom Format eines Frank Lloyd Wright oder Kenzo Tange. Im Kopf die amerikanischen Transkontinentalzüge entwarf Kengo Kuma eine Schale aus Stahlwellblech, die mit dem natürlichen Spiel aus Hell und Dunkel, Tag und Nacht zu vibrierender Lebendigkeit erwacht. Das Innere des Hauses bietet viel freien Raum. Schmale Treppen, die die verschiedenen Bereiche verbinden, bringen Bewegung in das Ambiente. Das dynamische Spiel mit dem Licht setzt sich im Inneren durch die mit opalisierendem Kunststoff verkleideten Wände fort. Die Einrichtung ist auf das Wesentliche reduziert. Über die gesamte Länge einer Wand im Wohnraum erstreckt sich eine enorme Vitrine, in der die Modelleisenbahn ihren großen »Bahnhof« hat. Mit der Integration eines Teezeremonienraums trifft das zeitgenössische Ambiente dieses Hauses auf die Tradition.

Oben: Gegenüber dem Eingang öffnet sich – etwas erhöht liegend und damit klar vom Alltagsbereich mit dem Parkettboden getrennt – der schlichte Raum für den *sado*, die japanische Teezeremonie.

Gegenüber: Zwei Ansichten der Treppe, die die verschiedenen Ebenen verbinden, mit denen sich der Bau dem Gefälle des Terrains anpasst. Der Verlauf der scheinbar frei schwebenden Metalltreppe wird von einem Fischernetz begleitet.

Folgende Doppelseite: Langgezogen wie ein Eisenbahnwaggon präsentiert sich der Wohnraum. Rechts erstreckt sich über die ganze Länge die Vitrine mit der Modelleisenbahnsammlung – von Dampflokomotiven bis zu Hochgeschwindigkeitszügen des Shinkansen-Netzes – des Besitzers. Über die Treppe gegenüber der Vitrine gelangt man in den Schlafbereich. Die Strenge der reinweißen Lackmöbel steht in Kontrast zur Natürlichkeit des Holzbodens: »Meine Methode ähnelt dem Prinzip des *junihitoe*, jenem Kimono, dessen zwölf Lagen den Körper von seiner Umgebung trennen.«

Gesamtprojekt: Bill Bensley

GOLDEN TRIANGLE

Inmitten der Wildnis Thailands, zwischen den Flüssen Ruak und Mekong, liegt der Bungalow-Komplex Golden Triangle, benannt nach dem Goldenen Dreieck im Grenzgebiet zwischen Laos, Thailand und Myanmar. Das Ziel des Architekten und Designers Bill Bensleys war es, maximalen Komfort mit maximalem Respekt vor der Natur und den lokalen Traditionen zu verbinden. Das »Camp« besteht aus fünfzehn »Zelten« zu je neunzig Quadratmetern, alle mit Blick auf die Flüsse. Eingerichtet sind sie mit handgefertigten Teakholzmöbeln und Stoffen, einer Bibliothek, einem Spa, dem Restaurant Nong Yao, der Burma Bar sowie einer strohgedeckten Hütte in lokalem Stil, die als Weinkeller eingerichtet ist. Hier lagern perfekt temperiert thailändische und internationale Weine.

Oben: Sechs Elefanten stehen für Exkursionen in den Dschungel bereit.

Rechts: Einer der fünfzehn Zelt-Bungalows mit Blick über die Flüsse.

Gegenüber: Der offene Kamin im Restaurant Nong Yao, dessen Dach ebenfalls mit Alang-Alang-Gras gedeckt ist.

Rechts: Eines der Badezimmer. Die Wände wurden aus Bambusstämmen angefertigt, das Dach ist mit Alang-Alang-Gras gedeckt.

Folgende Doppelseite: Eines der Zelte mit Teakholzmöbeln und einer altmodischen Badewanne und Waschbecken aus Kupfer.

Links: Hier liegt alles für ein duftendes Bad bereit.

Unten: Blüten auf dem Badewasser.

Gegenüber: Eine Holzbadewanne steht für ein entspannendes Bad auf der Veranda eines Bungalows bereit. Geschützt wird sie durch ein romantisch wirkendes Mückennetz aus Tüll.

Folgende Doppelseite: Ein nächtlicher Blick auf einen hell erleuchteten Bungalow.

Gesamtprojekt: Anhar Setjadibrata

LARA DJONGGRANG

Das Restaurant Lara Djonggrang befindet sich im Zentrum von Indonesiens Hauptstadt Jakarta. Unter seinem Dach versammeln sich der zentrale Speisesaal, das China Blue mit drei kleinen intimeren Räumen sowie die Bar La Bihzad. Hinter dem Namen des Restaurants verbirgt sich eine indonesische Legende: Lara Djonggrang hieß eine für ihre Schönheit weithin berühmte Prinzessin im neunten Jahrhundert. Prinz Bandung Bondowoso, der ihren Vater ermordete, verliebte sich unsterblich in die Prinzessin und wollte sie unter allen Umständen zur Frau haben. Doch Lara Djonggrang ersann eine List und floh, woraufhin sie der Prinz in eine steinerne Statue verwandelte. Nun konnte sie zwar kein anderer Mann je zur Frau nehmen, doch auch der Prinz ging leer aus, denn die Prinzessin wurde von den Göttern gerettet und in den Himmel geholt. La Bihzad dagegen ist ein Tribut an den afghanischen Maler Bihzad, die Salons des China Blue sind mit antiken chinesischen Möbeln und Kunstgegenständen ausgestattet.

Oben: Die als Wasserbehälter genutzten Keramikgefäße afghanischer Provenienz wurden unter einem Tisch aus der Qing-Ära, Mitte des neunzehnten Jahrhunderts, arrangiert. Die chinesischen Kerzenleuchter wurden ursprünglich während der Zeremonie der Ahnenanbetung verwendet.

Rechts: Den Eingang flankieren antike javanische Steinskulpturen. Die Skulptur rechts stellt Lara Djonggrang dar, wie sie auf dem mythologischen Löwen in den Himmel reitet.

Oben: Links und rechts an der Wand eines der privaten Salons des China Blue sind zwei Reliefs aus der Epoche der Qing-Dynastie zu sehen, von denen jedes rund eine Tonne wiegt. Dargestellt sind Himmelswächter. Dazwischen ruht eine antike birmanische Buddhabüste.

Gegenüber: Ein anderer chinesischer Himmelswächter und daneben die mythologische Figur eines geflügelten Pferds aus Afghanistan.

Über diesen Korridor, er liegt zum Teil im Freien, gelangt man sowohl ins Restaurant als auch in die Bar. Die roten Figuren im romantischen Licht von Öllampen verkörpern die Mägde Prinzessin Lara Djonggrangs. Die Prinzessin nämlich hatte dem Prinzen eine Aufgabe gestellt: Wenn er es schafft, über Nacht tausend Tempel zu errichten, würde sie ihm als Frau angehören. Als diese Arbeit, für die sich der Prinz Dämonen zu Hilfe geholt hatte, bis auf einen Tempel erledigt war, gab die Prinzessin den Mägden die Aufgabe, Lärm zu machen und die Hähne zu wecken. Mit dem ersten Hahnenschrei aber ließen die Dämonen die Arbeit fallen und verschwanden. So blieb die Aufgabe unerfüllt.

TARIMA
NGEN GIRANG

Gegenüber: Die schlanke Skulptur verkörpert Prinzessin Lara Djonggrang mit in Abwehr erhobenen Händen: Es ist jener Augenblick, als Prinz Bandung Bondowoso, der Mörder ihres Vaters, sie zur Frau begehrt. Die Paneele links und rechts der Statue stammen von einer chinesischen Tür aus der Ära der Ming-Dynastie, die Lampen aus der indonesischen Kolonialzeit.

Oben: Holländische Fliesen aus der Kolonialzeit wurden für den Boden des Korridors verwendet, der die Bar La Bizhad mit dem Garten verbindet. Gemauerte Podeste mit weichen Kissen definieren einen Bereich, der vor allem dazu dient, Gästen das Warten auf einen Tisch im Restaurant bei einem Cocktail zu versüßen.

Oben: Die Decke der Bar bildete ursprünglich das Dach eines alten chinesischen Tempels. Darunter sind zwei *kilin* genannte mythologische Löwen zu sehen. Sie stammen aus Sumatra, wurden aus einem einzigen Holzstück geschnitzt und dienten früher zur Aufbewahrung von Reis.

Rechts: Geschmückt ist das Restaurant mit indonesischen Antiquitäten, steinernen Buddhastatuen aus Java, jahrhundertealten Terrakottareliefs aus alten Tempeln und dem Porträt einer javanischen Königin.

Bemerkenswerte Antiquitäten schmücken auch diesen Salon des China Blue: Die Gemälde stellen den Gott Tuono dar, die Bronzevase stammt aus der Zeit der Qing-Dynastie, der Porzellanteller an der Wand aus jener der Ming-Dynastie, und die beiden rot lackierten Gusseisensäulen wurden zur Zeit der holländischen Herrschaft auf Java angefertigt.

Gesamtprojekt: Andrea und Fabrizio Magnaghi

LOSARI COFFEE PLANTATION

Im Herzen Javas auf neunhundert Metern Seehöhe liegt die Losari Coffee Plantation in einem Gebiet, in dem seit Jahrhunderten Kaffee angebaut wird. Die zentrale Villa aus verschiedenen Baukörpern stammt aus dem Jahr 1928, als sich hier eine holländische Familie niederließ, um eine Kaffeeplantage zu betreiben. Schließlich kaufte und restaurierte die heute in Indonesien lebende italienische Unternehmerin Gabriella Teggia diese koloniale Residenz. Rund um das Club House – einst das Herrenhaus der Besitzer – entstand ein Komplex unterschiedlicher Villen und Häuser, die in verschiedenen Gegenden der Insel abgetragen und hier wieder errichtet wurden. Die an ein Dorf erinnernde Plantage besteht aus zwei Restaurants und einer Bar, einem alten hölzernen Bahnhofshäuschen aus der Stadt Mayong Jepara, das als Rezeption dient, einem offenen Gebäude für Feste und kulturelle Veranstaltungen, das ursprünglich in der nordjavanischen Stadt Kudus stand, sowie einem Pool, einem Palmenwald, einem Fischbecken und einem Hammam.

Oben: Alles, was auf der Losari Coffee Plantation wächst, wurde nach ökologischen Prinzipien kultiviert.

Rechts: Im Club House steht dieses mit feinen Schnitzarbeiten verzierte javanische Himmelbett.

Eine Insel der Entspannung
im Spa-Bereich.

Oben links: Das Hammam der Losari Coffee Plantation.

Oben rechts und gegenüber: Im Stil Kudus', einer im Norden Javas liegenden Stadt, ist die unter anderem mit einem Himmelbett ausgestattete *Jogo Kudus*-Villa eingerichtet.

Oben links und rechts: Das Spa der Losari Coffee Plantation mit dem Schwimmbecken. Der gesamte Wellness-Bereich der Anlage besteht aus diesem Pool und einem authentischen türkischen Hammam, in dem sich zweimal drei – getrennt für Damen und Herren – Räume befinden: das Caldarium, das Frigidarium und ein Ruheraum.

Gegenüber: Am Rand des Palmenhaines blühen intensiv duftende Tuberosen.

Interieur und Landschaftsarchitektur: M. L. Poomchai Chumbala

POOMCHAI CHUMBALA

Mit seinem Haus in Bangkok interpretiert der Innenarchitekt Poomchai Chumbala Tradition nach einem modernen Schlüssel. Fünf Pavillons sind miteinander zu einem Komplex verbunden. Verkleidet sind sie mit antikem Holz, das von alten Häusern stammt und wiederverwertet wurde, und die steil abfallenden Dächer werden von dekorativen Metallblenden begrenzt. Im erhöht liegenden Eingangsbereich öffnet sich ein kleiner Garten, bevor man ins Innere gelangt. Geschnitzte Holzpaneele verleihen diesem Wärme, ebenso wie zahlreiche bunte und vergoldete Objekte.

Oben: Bücher, Glasgefäße und kleine Bronzefiguren belagern diesen niedrigen lackierten Tisch.

Gegenüber: Der Speisesaal wird nur zu besonderen Gelegenheiten genutzt, während die täglichen Mahlzeiten entweder auf der Terrasse oder auf der Wiese eingenommen werden. In der großen beleuchteten Vitrine mit den geschnitzten und vergoldeten Details an der Rückwand werden wundervolle Lackarbeiten aufbewahrt. Sie stammen aus dem Besitz der letzten Königin von Chiang Mai, die sie anlässlich eines Geburtstags in Auftrag gegeben hatte.

Oben: In diesem antiken Schränkchen befindet sich weißes und blaues Porzellan aus China.

Rechts: Die von Lünetten bekrönten Fenster im Wohnraum konnten von einem Haus islamischen Stils gerettet werden, bevor man es demolierte. Auf den chinesischen Chippendale-Sesseln liegen wertvolle Seidenkissen.

MONKS AND MERCHANTS
THE TREASURES OF THE EGYPTIAN MUSEUM

Oben links: Diese Treppe führt zum Eingang des Hauses.

Oben rechts: Plattformen und Terrassen scheinen auf den kleinen Teichen, die der Hausherr angelegt hat, zu schwimmen.

Gegenüber: Töpfe mit Papyrus und Bonsaibäumchen schmücken einen Teil der Eingangsveranda.

Oben: Zwei steinerne Buddhafiguren stehen im dichten Grün des Gartens.

Links: In den Boden des Atriums wurde etwas vertieft ein kleiner Garten integriert, in dem dichter Farn und Bambus gedeihen.

Folgende Doppelseite: Selbst unter die Treppe ist eine antike Vitrine eingepasst, in der wertvolle Sammelobjekte zur Schau gestellt werden.

ASAGAYA-MINAMI

Architektur: Koji Ogawa

Oben: Ein grandioses Gemälde von Matsumoto Yoko.

Gegenüber: Die grafische Struktur der fugenlosen Betonfassade erinnert stark an die Geometrie der Tatami-Matten. Diese dekorative Rauheit wiederholt Ogawa auch im Inneren des Hauses. Die schmale Tür ist nachts mit einer Leuchtdiode betont.

Der japanische Architekt Koji Ogawa versteht es meisterhaft, mit kleinen und kleinsten Dimensionen umzugehen. Im urbanen Japan ist das nichts Besonderes. Schließlich lebt hier ein Drittel der Bevölkerung in Städten, die etwa ein Zwanzigstel der Fläche des ganzen Landes ausmachen. Den größten Anteil nimmt Tokio ein, wo Ogawa die meisten seiner Baustellen hat. Manchmal muss er mit Flächen von kaum fünfzig Quadratmetern auskommen, was etwa einem Drittel dessen entspricht, was nötig ist, um erdbebensicher und ästhetisch stringent bauen zu können. Die Lösung lautet, in die Höhe zu gehen. Doch auch das geht nur bis zu einem gewissen Maß, weil die Maximalhöhen in Wohngebieten nun einmal beschränkt sind. Für dieses Haus hat Ogawa diese Herausforderungen angenommen und in jeder Hinsicht gewonnen – mit einem kleinen großen Meisterwerk, das nicht nur den Bedürfnissen des zeitgenössischen Wohnens gerecht wird, sondern auch den Leidenschaften – Kunst und Musik – jener, die hier leben, auch seinem Bedürfnis, die Tradition zu respektieren und seinen neorationalistischen Intentionen, die sich aus den Werken Mies van der Rohes, Louis Kahns und Kenzo Tanges nähren. Ein vertikales Haus, luftig und hell, spröde, aber auch harmonisch: die Betonsstruktur, die in ihrer Regelmäßigkeit an einen Lattenrost erinnert, die Parkettböden, die die Leistenstruktur der Wände zitieren, während die satinierten Glasflächen eine logische Erweiterung der Wände zu sein scheinen.

空巣
みんなで見よう!
ゆるさない

Auch im Wohnzimmer bildet der Beton – neben seiner strukturgebenden und tragenden Funktion – ein starkes ästhetisches Element. Er harmoniert perfekt mit dem abstrakten Expressionismus der Kunstwerke. Im Hintergrund ist ein Teil des Gartens erkennbar. Der Parkettboden ist aus Eichenholz, das Sofa ein Entwurf Robert Venturis für Knoll International und die Skulptur ein Werk von Toya Shigeo.

Oben: Die linke Wand dieses kleinen Wohnraums ist verputzt, die rechte mit Nussholz aus Guinea verkleidet. Das Sofa stammt von Muji, der antike Stuhl hinten an der Wand aus China.

Rechts: Ein weiterer Blick in das Wohnzimmer mit dem Eichenparkett und einer langen, verputzten Wand. Die Gemälde sind Werke von Georges Rouault, überall finden sich chinesische und koreanische Antiquitäten. Und ganz im Vordergrund ein Hauch »made in Italy«: eine Variante der Lampe *Tolomeo* von Michele De Lucchi und Giancarlo Fassina für Artemide sowie, gleich daneben, *Lola* von Alberto Meda und Paolo Rizzatto für Luceplan.

Links: Weil die Besitzer bei ihrem Badezimmer auf Licht besonders viel Wert legten, wurde es südseitig und im zweiten Geschoss des Hauses eingerichtet. Hier kann das Licht durch die Glaswand über dem Eingang direkt in den Raum strömen. Die Badewanne wurde mit Holz verkleidet, das Waschbecken in eine Konstruktion aus guineischem Nussholz versenkt.

Gegenüber: Der Eingangsbereich ist als eine Zone des Übergangs vom öffentlichen, äußeren Raum in die private, intime, häusliche Sphäre gedacht – eine Art »Reinigungsbecken«, in dem man sich des Lärms der Stadt entledigt. Die Treppe mit dem schlichten Handlauf aus Stahl hebt sich klar von der Wand ab und wirkt wie eine abstrakte Skulptur.

Eleganz und Stille – das ist das Flair, das dieser durch Tatami-Matten definierte Raum ausstrahlt. Eine Schiebewand aus guineischem Nussholz bildet die Grenze zu einem Schrank und zum Badezimmer – nicht nur Funktion, sondern auch ein starkes dekoratives Element.

Interieur: Anhar Setjadibrata

VILLA TUGU

Über dem ursprünglichen, von Reisfeldern umgebenen Fischerdorf Canggu erhebt sich die Villa Tugu. Mit ihren eindrucksvollen dekorativen und architektonischen Details erzählt sie Geschichten aus der südostasiatischen Tradition und Mythologie. Objekte und Skulpturen bringen Leben in eine Art folkloristisches Stillleben, das am besten mit dem Begriff »asiatisch-bohemienhaft« zu umschreiben ist.

Rechts: Die Eingangsbrücke der Villa erstreckt sich über einen Teich voller Lotospflanzen. An den Säulen hängen Wayang-Kulit-Figuren, aus Leder angefertigte Marionetten, die, wenn sie abends von hinten beleuchtet werden, das charakteristische indonesische Schattenspiel symbolisieren. Die bronzenen Kerzenleuchter sind etwa hundert Jahre alt.

Oben: Balinesische Wächterskulpturen im Garten.

Gegenüber: Der Teich mit den Lotosblumen.

Oben: Neben dem Speisezimmer befindet sich dieser Salon mit den aus Carraramarmor angefertigten Tischplatten.

Gegenüber: Derselbe Salon; die Stehlampen auf den Konsoltischen wurden aus kleinen Götterfiguren aus dem neunzehnten Jahrhundert gestaltet. Die Gemälde darüber schuf der chinesisch-balinesische Künstler Lim Kwi Bing, der einst in Malang lebte.

Oben links: Die beiden hölzernen Pferdeskulpturen am Poolrand sind zweihundert Jahre alt, die drei einzeln stehenden Skulpturen stellen betende Mönche dar und stammen aus Birma (heute Myanmar).

Oben rechts: An dieser grün getünchten Wand im Eingangsbereich hängt eine zeremonielle Goldmaske, die üblicherweise von traditionellen Tänzern auf Sumatra getragen wird.

Gegenüber: In einem der Gästezimmer hängt dieser Teil eines antiken, *gebyok* genannten Paravents, den man in einem javanischen Haus gefunden hat.

Folgende Doppelseite: Ganz hinten im Garten, unter dem Schutz eines wunderschönen birmanischen Schirms, steht eine aus Kambodscha stammende Holzstatue, die Vishnu mit seinen vier Armen darstellt.

Bibliografische Information der Deutschen Nationalbibliothek
Die Deutsche Nationalbibliothek verzeichnet diese Publikation
in der Deutschen Nationalbibliografie;
detaillierte bibliografische Daten sind im Internet über
http://dnb.d-nb.de abrufbar.

1. Auflage

Graphisches Konzept: Gianfranco Casula
Schutzumschlag und Umbruch der
deutschsprachigen Ausgabe: Barbara Sternthal
Lektorat der deutschsprachigen Ausgabe:
Elisabeth Hölzl
Reproduktion: Studio RGB
Print: ARTI GRAFICHE AMILCARE PIZZI SPA., Italien

Die italienische Originalausgabe erschien 2010 unter dem Titel
Interni d'Oriente bei Magnus Edizioni Srl, Fagagna (UD)

ISBN 978-3-85033-457-0

Christian Brandstätter Verlag
GmbH & Co KG
A-1080 Wien, Wickenburggasse 26
Telefon (+43-1) 512 15 43-0
Fax (+43-1) 512 15 43-231
E-Mail: info@cbv.at
www.cbv.at